Jonathan Olivier Christian Michael Desir

Les 72 Lois de Dieu

Jonathan Olivier Christian Michael Desir

Les 72 Lois de Dieu

sur la Création de la Richesse

Éditions Croix du Salut

Cover image: www.ingimage.com

Publisher:
Éditions Croix du Salut
is a trademark of
Dodo Books Indian Ocean Ltd. and OmniScriptum S.R.L publishing group

120 High Road, East Finchley, London, N2 9ED, United Kingdom
Str. Armeneasca 28/1, office 1, Chisinau MD-2012, Republic of Moldova, Europe
Printed at: see last page
ISBN: 978-620-6-17057-0

SOMMAIRE

Introduction

Dans le tissu même de l'existence, au fil des millénaires, l'humanité a cherché une quête sacrée et intemporelle : la création de la richesse. C'est un désir qui transcende les frontières du temps et de l'espace, une aspiration qui, sous diverses formes, a été le moteur de nos actions et le reflet de notre désir le plus profond. La richesse, bien plus qu'une accumulation de biens matériels, est un concept complexe, profondément enraciné dans notre psyché. Elle est à la fois matérielle et spirituelle, une réalisation qui transcende l'argent et les possessions pour devenir une expression de notre relation avec le divin.

Le titre de ce livre, "Les 72 Lois de Dieu sur la Création de la Richesse," résonne avec une promesse qui va bien au-delà des clichés économiques. Il est le reflet d'une vérité ancienne et fondamentale, qui a guidé des générations à travers des épreuves, des triomphes et des époques. Dans ces pages, nous allons plonger dans l'essence même de la richesse, explorer sa signification profonde, et révéler les secrets cachés qui sont dispersés à travers les textes sacrés et les enseignements spirituels. Ce livre est un voyage spirituel vers l'abondance, une quête qui nous conduira au-delà des apparences pour révéler les vérités intemporelles qui transcendent notre existence terrestre.

Le fil conducteur de ce livre est la conviction que la richesse est intrinsèquement liée à des lois divines, des principes fondamentaux qui guident l'univers et qui influencent notre destinée. Ces lois sont tissées dans la trame même de notre existence, inscrites dans les textes sacrés, et révélées à travers les enseignements spirituels. Elles sont le pont entre le matériel et le spirituel, entre l'ici et l'au-delà. Dans les chapitres à venir, nous allons explorer chacune de ces 72 lois avec un désir ardent de comprendre leur signification profonde et de les appliquer à notre propre vie.

Nous commencerons par plonger dans la foi et l'abondance, car la croyance est la graine qui donne naissance à la richesse. Nous examinerons comment la foi, telle qu'elle est enseignée dans les textes sacrés, peut être un puissant catalyseur de l'abondance. Nous explorerons les récits bibliques qui décrivent comment la foi en action a conduit à la prospérité.

Ensuite, nous aborderons la gestion financière, car la richesse ne peut être construite sur des bases fragiles. Nous découvrirons la sagesse de la gestion des richesses selon les lois divines et comment une gestion prudente peut mener à l'abondance durable.

La charité et la générosité sont également des thèmes essentiels, car donner est un acte sacré qui ouvre les portes de l'abondance. Nous étudierons les lois de retour, la manière dont semer la générosité peut récolter l'abondance.

La persévérance et le succès sont des compagnons fidèles sur le chemin de la richesse. Nous verrons comment les enseignements bibliques encouragent la persévérance, la détermination et comment cela conduit à une richesse éternelle.

La gratitude, la reconnaissance pour ce que nous avons, est un trésor souvent négligé. Nous examinerons comment la gratitude est liée à la prospérité et comment elle peut cultiver l'abondance.

Nous explorerons également les investissements

Chapitre 1 : Les Secrets Cachés

Les Secrets Cachés : Découvrez les 72 Lois Divines de la Richesse

Il existe une sagesse cachée, un savoir ancestral qui transcende le temps et qui réside au cœur de la création de la richesse. Dans notre quête de prospérité, il est essentiel de reconnaître que la richesse n'est pas uniquement matérielle, elle est spirituelle, émotionnelle et intellectuelle. Ces aspects de la richesse sont tissés dans les 72 Lois Divines de la Richesse, un trésor inestimable qui a été transmis à travers les âges. Ces lois ne sont pas simplement des principes économiques, ce sont des directives divines pour manifester l'abondance dans tous les aspects de notre vie. Alors, plongeons dans le cœur de ces lois secrètes et découvrons comment elles peuvent illuminer notre chemin vers la richesse.

Au cœur de ces 72 lois se trouve un principe fondamental : la richesse n'est pas un caprice du destin, mais un héritage divin. Les textes sacrés nous enseignent que Dieu veut que nous vivions une vie prospère. Pourtant, la véritable richesse ne peut être atteinte qu'en comprenant et en suivant ces lois divines. Ces lois ne sont pas réservées à une élite spirituelle ; elles sont accessibles à tous ceux qui désirent vivre une vie d'abondance.

Ces lois, bien que souvent masquées dans l'obscurité, sont ancrées dans des textes anciens, dont la Bible est une source riche d'enseignement. Elles ont été codées dans des paraboles et des récits, attendant patiemment d'être découvertes par ceux qui cherchent une compréhension plus profonde de la vie et de la richesse. Cependant, il ne s'agit pas d'une quête égoïste pour l'enrichissement personnel. Au contraire, ces lois sont des clés pour établir une relation harmonieuse avec l'abondance et pour partager les fruits de cette prospérité avec les autres.

Pour ceux qui se sont aventurés à découvrir ces lois, ils ont été récompensés par la richesse sous de nombreuses formes. Que ce soit la prospérité matérielle, la paix intérieure, des relations épanouissantes ou une croissance spirituelle, ces lois divines touchent chaque aspect de la vie. Elles sont le plan directeur pour une vie en harmonie avec la volonté divine.

Maintenant, la question se pose : pourquoi ces lois restent-elles cachées pour la plupart des gens ? La réponse réside dans notre propre compréhension et notre recherche de sens. Souvent, nous sommes distraits par les préoccupations matérielles, par la recherche de richesses éphémères. Cependant, lorsque nous prenons le temps de regarder au-delà des apparences, lorsque nous éveillons notre conscience à la réalité de ces lois divines, nous pouvons commencer à découvrir un monde de possibilités sans fin.

Le voyage que nous entreprenons dans ce livre sera un voyage d'exploration, d'apprentissage et de transformation. Chaque loi que nous explorerons dévoilera un nouvel aspect de la richesse, une nouvelle facette de la création de l'abondance. Ces lois ne sont pas des règles strictes, mais des guides pour nous aider à comprendre notre relation avec la richesse. Il ne s'agit pas de suivre aveuglément des préceptes, mais de les comprendre, de les intégrer dans notre vie quotidienne et de les personnaliser selon notre propre chemin spirituel.

Au fil des pages qui suivent, nous allons dévoiler les secrets cachés de ces 72 lois divines de la richesse. Nous plongerons profondément dans chaque loi, en explorant sa signification, ses implications et en fournissant des exemples concrets de la manière dont elle peut être appliquée dans notre vie. Vous découvrirez que la richesse, sous toutes ses formes, est à votre portée. Elle n'attend que votre compréhension et votre action.

Ce voyage ne sera pas seulement un voyage intellectuel, mais aussi un voyage spirituel. Il vous demandera de remettre en question vos croyances, d'ouvrir votre esprit à de nouvelles possibilités et de faire preuve de foi. Vous allez non seulement découvrir ces lois, mais vous allez les vivre et les incarner. Vous allez vous élever vers une nouvelle compréhension de la richesse et de votre propre potentiel.

Nous allons commencer ce voyage en plongeant dans le premier sous-point de notre exploration, "La foi et l'abondance." Ici, vous découvrirez comment la foi est le fondement sur lequel repose la création de la richesse, et comment les enseignements bibliques nous guident vers une foi en action qui peut débloquer l'abondance dans notre vie. La foi est le point de départ de notre quête, car elle est la graine qui germe pour créer la richesse. Suivez-moi dans ce voyage, et ensemble, nous découvrirons les trésors cachés des 72 lois divines de la richesse.

La Bible et la Prospérité :
Un Voyage Spirituel vers l'Abondance

Dans cette quête de découverte des secrets cachés de la richesse, nous ne pouvons ignorer le rôle fondamental que la Bible a joué dans l'orientation spirituelle de l'humanité en matière de prospérité. La Bible est bien plus qu'un simple livre religieux, c'est un trésor de sagesse qui guide les croyants à travers les méandres de la vie et de la richesse. Dans ce sous-point, nous allons explorer comment la Bible est un outil puissant pour comprendre la prospérité sous un angle spirituel, et comment elle peut devenir notre guide dans un voyage spirituel vers l'abondance.

La Bible, en tant que texte sacré, offre une perspective unique sur la richesse. Elle ne se contente pas de traiter de la prospérité matérielle, mais elle nous invite à explorer les profondeurs de la richesse spirituelle. La richesse, dans la Bible, n'est pas simplement un amas de biens matériels, mais une bénédiction divine qui émane de la relation de l'individu avec Dieu. Les récits bibliques et les enseignements mettent en avant la conviction que Dieu désire la prospérité de ses enfants.

Ce voyage spirituel vers l'abondance commence par la compréhension de la relation entre l'individu et Dieu. La Bible nous enseigne que Dieu est le pourvoyeur suprême, le créateur de toute richesse. Il n'est pas seulement un gardien du ciel, mais aussi un dispensateur de bénédictions terrestres. Cette relation intime entre l'âme et le divin est le point de départ pour toute recherche de prospérité.

Cependant, cette relation ne se résume pas à une simple demande de bénédictions. La Bible nous exhorte à vivre une vie de foi, d'obéissance et d'action. Elle nous enseigne que la foi est un acte de confiance en Dieu, une conviction profonde que sa providence est infinie. Cette foi est le socle sur lequel repose la prospérité. Sans elle, les richesses matérielles perdent de leur valeur, car elles sont dépourvues de sens spirituel.

Le voyage spirituel vers l'abondance, comme le présente la Bible, est également un voyage d'obéissance. Les enseignements bibliques nous rappellent que l'obéissance aux commandements de Dieu est un chemin vers la bénédiction. Cela signifie non seulement suivre les préceptes moraux, mais aussi pratiquer la générosité, aider les nécessiteux et vivre une vie d'intégrité. L'obéissance est le moyen par lequel nous exprimons notre gratitude envers Dieu et nous nous ouvrons à la réception de ses bienfaits.

L'action est un élément essentiel de ce voyage spirituel. La Bible nous enseigne que la foi sans les œuvres est morte. Pour manifester la richesse, il ne suffit pas de croire, il faut aussi agir. L'action est l'expression de notre foi en action. Cela signifie prendre des mesures pour réaliser nos rêves et objectifs, en sachant que Dieu est notre partenaire dans ce voyage.

Le voyage spirituel vers l'abondance, tel que révélé dans la Bible, est une expérience profondément personnelle. Il ne s'agit pas de suivre des règles strictes, mais de cultiver une relation vivante avec Dieu. C'est une quête de foi, d'obéissance et d'action, qui transforme non seulement notre richesse matérielle, mais aussi notre être intérieur. La Bible nous rappelle que la prospérité véritable est un mélange harmonieux de richesse matérielle et spirituelle, et que cette prospérité est à la portée de ceux qui cherchent la vérité.

En explorant la Bible et la prospérité, nous découvrons une voie spirituelle vers l'abondance. Elle nous rappelle que la richesse, dans sa véritable essence, est un don divin qui s'offre à ceux qui choisissent de marcher sur cette voie avec foi, obéissance et action. Elle nous montre que la richesse est bien plus qu'une accumulation de biens, elle est une expérience profonde de la grâce divine. Ce voyage spirituel est un rappel que la prospérité peut être vécue avec un cœur reconnaissant, une âme éclairée et une foi inébranlable.

Dans les prochains sous-points de ce chapitre, nous explorerons davantage les enseignements de la Bible sur la prospérité, en examinant comment la foi en action, la gestion des richesses selon les lois divines et la charité peuvent devenir des piliers essentiels de notre voyage vers l'abondance. Chacun de ces aspects renforcera notre compréhension de la richesse dans un contexte spirituel, nous guidant à travers les méandres de la création de la richesse.

5 lois de Dieu sur la Création de la Richesse

La Loi de la Foi en Action : Cette loi enseigne que la foi est le fondement de la création de richesse. La croyance en un but financier, combinée à des actions cohérentes, est essentielle pour manifester l'abondance.

La Loi de la Persévérance Financière : La persévérance est une vertu cruciale pour la création de richesse. Cette loi divine met en lumière l'importance de rester déterminé face aux défis financiers, en suivant les enseignements bibliques.

La Loi de la Générosité et de la Charité : La richesse n'est pas seulement pour notre bénéfice, mais aussi pour le bien des autres. Cette loi souligne l'importance de donner aux autres, ce qui permet d'ouvrir les portes de l'abondance.

La Loi de la Gestion Prudente : Une gestion financière sage est un principe fondamental. Cette loi met en avant la sagesse financière que l'on peut tirer des enseignements bibliques pour assurer la croissance et la préservation de la richesse.

La Loi de la Gratitude et de la Reconnaissance : La reconnaissance pour ce que l'on a favorise l'augmentation de la richesse. Cette loi souligne comment cultiver un esprit de gratitude conduit à une abondance accrue.

Ces lois de Dieu offrent une base solide pour comprendre la création de la richesse à la lumière des enseignements bibliques.

Chapitre 2 : La foi et l'abondance

Croire pour Recevoir : La Puissance de la Foi dans l'Abondance

Au cœur de notre quête de la prospérité se trouve la conviction profonde que la foi est le socle sur lequel repose la création de l'abondance. C'est un principe fondamental, souvent mentionné dans les textes sacrés, qui souligne la puissance de la foi en action. Dans ce sous-point, nous allons explorer comment la foi peut devenir le catalyseur de l'abondance, comment elle peut transformer nos rêves en réalité et comment elle est le point de départ essentiel de notre voyage vers la richesse.

La foi, en soi, est une notion complexe et profonde. C'est bien plus qu'une simple croyance, c'est une confiance profonde et inébranlable en quelque chose de plus grand que nous-mêmes. Dans le contexte de la création de la richesse, la foi est la conviction que nous sommes soutenus par des forces divines, que notre destin est lié à une providence supérieure. Cette foi est le fondement sur lequel repose toute recherche d'abondance, car elle est l'étincelle qui allume le feu de la manifestation.

La Bible nous enseigne à maintes reprises l'importance de la foi dans la réalisation de la richesse. "Tout est possible pour celui qui croit" est un principe fondamental que nous trouvons dans les Écritures. Cette notion n'est pas une simple rhétorique, mais une vérité qui a été confirmée par des milliers de personnes à travers l'histoire. La foi en action, la conviction que nos rêves peuvent devenir réalité, est le point de départ de tout voyage vers l'abondance.

La foi ne se limite pas à une simple croyance passive, elle est une foi en action. Cela signifie que la foi nous pousse à prendre des mesures, à agir en conséquence. C'est l'expression de notre confiance en la réalisation de nos rêves. Dans la quête de la richesse, la foi nous pousse à prendre des décisions audacieuses, à surmonter les obstacles et à persévérer malgré les difficultés. C'est cette foi en action qui nous permet de réaliser nos objectifs financiers.

Une partie essentielle de la foi en action réside dans la visualisation et la pensée positive. La Bible nous enseigne que la foi est "l'espérance des choses que l'on ne voit pas." Cela signifie que la foi nous pousse à visualiser notre avenir avec confiance, à croire en la réalisation de nos rêves même si les signes extérieurs ne le montrent pas encore. La visualisation est une technique puissante qui nous permet de créer un lien entre notre monde intérieur et notre réalité extérieure. En visualisant notre réussite financière, nous attirons cette réussite dans notre vie.

La foi est également liée à l'attitude positive. C'est la conviction que les obstacles ne sont que des défis temporaires, que les revers ne sont que des opportunités déguisées. L'attitude positive, qui découle de la foi, nous aide à surmonter les difficultés avec résilience. C'est la capacité de voir le verre à moitié plein, de trouver des solutions aux problèmes et de rester concentré sur nos objectifs, même en période d'adversité.

La foi en action, dans le contexte de la création de la richesse, est un puissant moteur de changement. C'est la conviction que la richesse est un héritage divin, que l'abondance est notre droit de naissance. C'est la foi qui nous pousse à agir, à visualiser nos rêves, à adopter une attitude positive et à persévérer. La foi en action est la clé qui ouvre les portes de l'abondance.

Ce sous-point nous rappelle que la foi n'est pas un simple concept abstrait, mais une force vivante qui peut transformer notre réalité. Elle nous invite à croire que la richesse, sous toutes ses formes, est à notre portée. Elle nous montre que la foi en action peut être le moteur de notre succès financier. Dans les prochains sous-points de ce chapitre, nous explorerons davantage les enseignements bibliques sur la foi et comment elle peut être appliquée à la recherche de la richesse. Chacun de ces aspects renforcera notre compréhension de la puissance de la foi dans l'abondance.

Les Écritures et la Richesse :
La Foi en Action

Dans notre exploration de la foi en action et de son rôle dans la création de la richesse, nous ne pouvons ignorer la puissante influence des Écritures sur notre compréhension de ces principes. Les textes sacrés, en particulier la Bible, sont riches en enseignements sur la foi, l'abondance et la manière dont elles interagissent pour transformer nos vies. Dans ce sous-point, nous allons plonger dans les Écritures pour découvrir comment la foi en action est présentée comme un pilier essentiel de notre voyage vers la richesse.

La Bible, en tant que source inestimable de sagesse spirituelle, abonde en enseignements sur la foi en action. C'est une invitation à croire que la richesse n'est pas un simple caprice du destin, mais une bénédiction divine à laquelle nous avons droit. Les Écritures décrivent de nombreuses histoires de personnes qui ont exercé leur foi pour surmonter des défis, réaliser des rêves et manifester la prospérité. Ces récits ne sont pas de simples contes, mais des exemples concrets de la puissance de la foi en action.

Un exemple bien connu dans la Bible est celui de David et Goliath. David, un jeune berger, a fait face au géant Goliath avec une foi inébranlable en Dieu. Sa conviction qu'il était soutenu par une force supérieure lui a permis de surmonter l'impossible. Cette histoire illustre comment la foi peut être le moteur de la victoire dans des circonstances apparemment insurmontables. Dans le contexte de la création de la richesse, cette histoire rappelle que la foi peut nous aider à relever des défis financiers et à surmonter des obstacles.

La Bible nous rappelle également la parabole du semeur, qui parle de la foi en action. Cette parabole raconte comment les graines jetées sur un sol fertile portent des fruits, tandis que celles jetées sur un sol infertile périssent. Cela nous enseigne que la foi en action est comme la semence qui, lorsqu'elle est semée dans un sol fertile, peut donner naissance à l'abondance. La parabole du semeur est une invitation à cultiver la foi, à la nourrir et à la mettre en action pour récolter les fruits de la richesse.

La foi en action, comme présentée dans les Écritures, est également liée à la prière. La Bible nous encourage à prier avec foi, en croyant que nos prières seront exaucées. Cette croyance en la puissance de la prière est un élément essentiel de la foi en action. Elle nous rappelle que la prière n'est pas simplement une requête, mais une manifestation de notre foi en Dieu en tant que pourvoyeur suprême. La prière est un acte de confiance en Dieu et une affirmation de notre foi en sa providence.

La charité est un autre aspect de la foi en action qui est mise en avant dans les Écritures. La Bible nous encourage à donner aux nécessiteux, à pratiquer la générosité et à partager nos richesses. C'est une expression de foi en action, car cela montre que nous croyons en l'abondance et que nous sommes prêts à partager nos bénédictions avec les autres. La charité est une manière de mettre en pratique notre foi en l'abondance et de participer activement à la création de richesse pour tous.

La foi en action, telle que présentée dans les Écritures, est une force motrice puissante qui peut transformer nos vies. C'est la conviction profonde que la richesse est un héritage divin, que Dieu désire notre prospérité et que nous avons un rôle actif à jouer dans sa réalisation. La foi en action nous pousse à croire en nos rêves, à visualiser notre réussite, à pratiquer la générosité et à prier avec foi. C'est une manière de vivre notre foi au quotidien et de manifester la richesse dans tous les aspects de notre vie.

Ce sous-point nous rappelle que la foi en action n'est pas un concept abstrait, mais une réalité concrète qui peut transformer nos vies. En suivant les enseignements des Écritures et en mettant en pratique la foi

5 lois de Dieu sur la Création de la Richesse

La Loi de l'Opportunité Divine : Cette loi met en avant le concept que Dieu offre des opportunités pour créer de la richesse. Il encourage les lecteurs à être attentifs aux signes et aux occasions que Dieu place sur leur chemin.

La Loi de la Bonne Stewardship : Être un bon gestionnaire des ressources que Dieu a confiées est essentiel pour la création de richesse. Cette loi souligne l'importance de gérer judicieusement ses finances et ses talents.

La Loi de la Multiplication Divine : Cette loi enseigne comment Dieu peut multiplier ce que nous avons lorsque nous utilisons nos ressources de manière responsable et généreuse. Elle met en évidence l'idée que la multiplication découle de la fidélité.

La Loi de la Patience Financière : La patience est une vertu cruciale pour la création de richesse. Cette loi souligne que les résultats financiers peuvent prendre du temps, mais que la patience est récompensée.

La Loi de la Grâce Financière : La grâce de Dieu joue un rôle essentiel dans la création de richesse. Cette loi met en avant l'idée que Dieu accorde des faveurs financières à ceux qui suivent ses lois et pratiquent la foi.

Chapitre 3 : La gestion financière

Stewardship Divin :
Gérer Vos Richesses Selon les Lois de Dieu

Au cœur de notre voyage vers la richesse se trouve la question cruciale de la gestion financière. Comment gérons-nous les richesses que nous recevons ? Dans ce sous-point, nous allons explorer le concept de "Stewardship Divin," c'est-à-dire la gestion de nos richesses selon les lois de Dieu. La Bible nous offre de précieux enseignements sur la manière dont nous pouvons être de bons intendants des biens matériels qui nous sont confiés.

Le "Stewardship Divin" est un concept profond qui repose sur l'idée que tout ce que nous possédons est en réalité un don de Dieu. Cela inclut non seulement notre argent, mais aussi nos compétences, nos talents, nos ressources, et même notre temps. La Bible nous rappelle que "la terre est à l'Éternel, avec tout ce qu'elle contient" (Psaumes 24:1). Comprendre que nous sommes des intendants plutôt que des propriétaires change radicalement notre perspective sur la gestion de nos richesses.

La première loi du "Stewardship Divin" est celle de la reconnaissance. Reconnaître que tout ce que nous avons est un don de Dieu est la première étape pour devenir un bon intendant. Cela engendre la gratitude et l'humilité. Lorsque nous reconnaissons que nos richesses sont un prêt divin, nous sommes plus enclins à les gérer avec sagesse et responsabilité.

La deuxième loi est celle de la gestion prudente. La Bible nous encourage à être des gestionnaires avisés de nos richesses. Cela signifie gérer notre argent de manière responsable, éviter les dettes excessives, épargner pour l'avenir et investir de manière réfléchie. La gestion prudente est un moyen de montrer notre respect envers le don de Dieu.

La troisième loi du "Stewardship Divin" est la générosité. La Bible nous enseigne que nous devons être généreux envers ceux qui sont dans le besoin. Cela va au-delà de la simple charité occasionnelle. C'est une manière de partager les bénédictions que Dieu nous a confiées avec les autres. La générosité est un acte de foi en action, une manifestation de notre conviction que Dieu nous pourvoira toujours.

La quatrième loi est celle de la multiplicité divine. La Bible nous rappelle que lorsque nous sommes de bons intendants de nos richesses, Dieu peut multiplier nos ressources. Cela ne signifie pas nécessairement une multiplication instantanée de nos biens, mais plutôt une croissance durable et bénie. C'est un rappel que la gestion prudente et généreuse de nos richesses peut conduire à l'abondance.

En suivant ces lois du "Stewardship Divin," nous honorons notre relation avec Dieu et manifestons notre foi en action. La gestion financière n'est pas simplement une affaire pragmatique, c'est aussi un acte spirituel. C'est une manière de montrer que nous croyons que Dieu est le pourvoyeur suprême et que nous sommes prêts à gérer ses dons avec responsabilité.

Le "Stewardship Divin" nous rappelle que la gestion de nos richesses est une partie essentielle de notre voyage vers la richesse. C'est une manière de montrer notre foi en action, de manifester notre reconnaissance envers Dieu et de participer activement à la création de la richesse. En suivant ces lois divines de gestion financière, nous nous alignons sur les principes de la providence divine et nous ouvrons la porte à l'abondance dans nos vies.

Dans les prochains sous-points de ce chapitre, nous explorerons davantage les enseignements de la Bible sur la gestion financière, en examinant comment la charité, la perspicacité financière et l'éthique des affaires peuvent devenir des piliers essentiels de notre "Stewardship Divin." Chacun de ces aspects renforcera notre compréhension de la gestion des richesses selon les lois de Dieu.

Gestion Prudente : La Sagesse Financière de la Bible

Dans notre recherche de la richesse, il est impératif de comprendre les principes de la gestion prudente, qui se trouvent au cœur des enseignements bibliques sur la gestion financière. La Bible offre une richesse de sagesse financière qui peut nous guider sur la voie de l'abondance. Dans ce sous-point, nous allons explorer la manière dont la Bible nous enseigne à gérer nos richesses de manière sage et responsable.

La gestion prudente, selon les enseignements de la Bible, commence par la notion de budget. La Bible nous encourage à planifier nos dépenses, à ne pas vivre au-dessus de nos moyens, et à épargner pour l'avenir. Elle souligne l'importance de la prudence financière en nous rappelant que "l'homme prévoyant prévoit les jours mauvais, mais le fou jette l'argent à tous vents" (Proverbes 21:20). C'est une leçon essentielle pour ceux qui cherchent à créer de la richesse, car elle nous rappelle que la gestion prudente est le fondement de toute prospérité durable.

La Bible nous enseigne également l'importance de l'élimination des dettes. Elle nous rappelle que "le riche domine sur le pauvre, et celui qui emprunte est l'esclave de celui qui prête" (Proverbes 22:7). Cela signifie que les dettes peuvent entraver notre capacité à gérer nos finances de manière sage. La Bible nous encourage à rembourser nos dettes et à éviter de vivre sous le joug de créanciers.

Un autre principe important de la gestion prudente selon la Bible est l'investissement judicieux. La Parabole des talents nous rappelle que Dieu nous a confié des ressources et que nous sommes appelés à les faire fructifier. Cela implique de choisir des investissements réfléchis, d'éviter les risques excessifs et de rechercher une croissance stable et durable. L'investissement judicieux est une manifestation de notre foi en action, montrant que nous croyons que Dieu peut multiplier nos ressources.

La Bible nous encourage également à vivre avec un plan financier à long terme. Cela signifie non seulement épargner pour les besoins immédiats, mais aussi prévoir notre avenir financier. C'est une manière de manifester notre foi en la continuité de la bénédiction divine. La planification financière à long terme nous aide à préparer notre retraite, à protéger notre famille et à bâtir un héritage pour les générations futures.

La gestion prudente selon la Bible ne se limite pas à nos finances personnelles. Elle s'étend également à la manière dont nous gérons nos ressources au service des autres. La charité et la générosité sont des principes fondamentaux de la gestion prudente. La Bible nous enseigne que "celui qui donne aux pauvres ne saurait être dans la disette" (Proverbes 28:27). Cela signifie que la générosité est une manifestation de notre foi en l'abondance de Dieu et que, en donnant, nous recevons également en retour.

En suivant les principes de la gestion prudente selon la Bible, nous nous alignons sur les lois divines de la prospérité. La sagesse financière de la Bible nous rappelle que la richesse n'est pas simplement une question de chance, mais une question de choix éclairés. C'est une manière de manifester notre foi en action, de montrer que nous croyons que Dieu nous guide dans la gestion de nos richesses.

Ce sous-point nous rappelle que la gestion prudente est un pilier essentiel de notre voyage vers la richesse. C'est une manière de montrer que nous sommes de bons intendants des dons que Dieu nous a confiés, que nous croyons en sa providence et que nous sommes prêts à gérer nos ressources de manière sage et responsable. En suivant la sagesse financière de la Bible, nous nous mettons sur la voie de l'abondance durable.

5 lois de Dieu sur la Création de la Richesse

La Loi de la Stewardship Divin : Cette loi souligne l'importance de gérer vos richesses selon les lois de Dieu. Elle encourage la responsabilité financière et la gestion prudente des ressources que Dieu vous a confiées.

La Loi de la Gestion Prudente : Dieu enseigne la sagesse financière dans sa Parole. Cette loi met l'accent sur la nécessité de prendre des décisions financières sages et éclairées, en suivant les principes bibliques.

La Loi de la Générosité et de la Prospérité : La charité est une clé de l'abondance selon les enseignements bibliques. Cette loi encourage les lecteurs à donner et à recevoir, en comprenant que la générosité peut conduire à la prospérité.

La Loi de Retour : Semer la générosité pour récolter l'abondance est un concept biblique. Cette loi met en avant le principe de semer ce que l'on veut récolter, en encourageant la générosité.

La Loi de l'Intelligence Financière : La sagesse de la Bible offre des principes pour la prospérité. Cette loi encourage les lecteurs à développer leur intelligence financière en suivant les enseignements bibliques pour atteindre l'abondance.

Chapitre 4 : La charité et l'abondance

Donner et Recevoir :
La Charité comme Clé de l'Abondance

Au cœur de la quête de la richesse se trouve un principe fondamental : la charité. La charité est bien plus qu'un acte de générosité occasionnel. Selon les enseignements bibliques, elle est une clé essentielle pour déverrouiller l'abondance dans nos vies. Dans ce sous-point, nous explorerons la relation profonde entre la charité et la prospérité, en comprenant comment donner peut être la voie pour recevoir davantage.

La charité, telle qu'enseignée dans la Bible, n'est pas simplement un acte de bienfaisance. C'est une manière de vivre, une attitude de cœur qui consiste à donner de manière désintéressée, sans attendre de récompense immédiate. La Bible nous rappelle que "il y a plus de bonheur à donner qu'à recevoir" (Actes 20:35). Ce principe met en avant la joie et la satisfaction profonde qui accompagnent la charité.
Un exemple puissant de charité dans la Bible est celui de la veuve qui a donné ses derniers sous dans le trésor du temple. Jésus a souligné la valeur de ce geste en disant que "cette pauvre veuve a jeté dans le trésor plus que tous les autres" (Marc 12:43). Cela souligne que la charité n'est pas mesurée par le montant donné, mais par le cœur avec lequel on donne. La charité est un acte de foi en l'abondance de Dieu, montrant que nous croyons que, même en donnant, nous ne manquerons de rien.

La charité est également liée à la loi de retour. La Bible nous enseigne que "donnez, et il vous sera donné : on versera dans votre sein une bonne mesure, serrée, secouée et qui déborde" (Luc 6:38). Cela signifie que la charité déclenche un processus de multiplication. Lorsque nous donnons de manière désintéressée, nous créons un espace pour recevoir davantage. C'est une manifestation de notre foi en l'abondance de Dieu, montrant que nous croyons en sa promesse de bénédiction.

La charité va au-delà de la simple donnée d'argent. Elle inclut également la générosité envers les autres, l'aide aux nécessiteux et le partage de nos ressources. La Bible nous encourage à partager nos richesses, à tendre la main à ceux qui sont dans le besoin, et à pratiquer la bienveillance envers les autres. C'est une manière de montrer que nous sommes conscients de la bénédiction de Dieu et que nous sommes prêts à être des canaux de sa grâce.

La charité, en plus de ses bénéfices spirituels, a également des avantages tangibles. En donnant de manière désintéressée, nous créons des liens avec les autres, nous renforçons notre sens de la communauté et nous expérimentons une plus grande satisfaction personnelle. La charité peut également améliorer notre bien être émotionnel en réduisant le stress et en renforçant notre sens de l'accomplissement.

En suivant les enseignements de la charité selon la Bible, nous nous alignons sur les lois divines de la prospérité. La charité est une manifestation de notre foi en l'abondance de Dieu et une reconnaissance que tout ce que nous avons est un don de sa grâce. En donnant, nous ouvrons la porte à la réception de bénédictions encore plus grandes, ce qui fait de la charité une clé précieuse sur notre chemin vers l'abondance.

Ce sous-point nous rappelle que la charité est bien plus qu'une simple vertu. C'est un moyen de manifester notre foi en action, de montrer que nous croyons en l'abondance de Dieu et que nous sommes prêts à être des canaux de sa grâce. La charité est la clé de l'abondance, car elle crée un cercle vertueux de donner et de recevoir qui enrichit nos vies de multiples façons. En suivant la voie de la charité, nous embrassons la véritable essence de la prospérité.

Loi de Retour :
Semer la Générosité pour Récolter l'Abondance

Dans notre quête de la richesse, un principe fondamental se dégage : la loi de retour. Selon les enseignements bibliques, cette loi repose sur le principe que ce que nous semons, nous le récolterons. Lorsque nous semons la générosité, nous récoltons l'abondance. Dans ce sous-point, nous explorerons la manière dont la loi de retour fonctionne et comment semer la générosité peut être la clé de l'abondance.

La loi de retour est un principe profondément enraciné dans les Écritures. La Bible nous rappelle que "celui qui répand libéralement devient plus riche, et l'âme qui arrose sera elle-même arrosée" (Proverbes 11:25). Cette loi met en évidence le fait que la générosité crée un cycle vertueux. Lorsque nous donnons de manière désintéressée, nous ne perdons pas, nous investissons.

Un exemple puissant de la loi de retour se trouve dans la parabole du semeur. Jésus a enseigné que le semeur qui répand la bonne semence récolte une moisson abondante. De même, lorsque nous semons la générosité, nous pouvons nous attendre à une récolte abondante. Cependant, il est important de noter que la loi de retour ne garantit pas une récompense immédiate ou matérielle. Elle fonctionne selon les temps de Dieu et peut se manifester de différentes manières.

La loi de retour est également liée à la notion de multiplication. La Bible nous rappelle que "qui sème peu moissonnera peu, et qui sème abondamment moissonnera abondamment" (2 Corinthiens 9:6). Cela signifie que plus nous semons de générosité, plus nous pouvons nous attendre à récolter en abondance. La loi de retour nous encourage à être des semeurs abondants, à donner sans mesure.

Un aspect essentiel de la loi de retour est que la récolte est proportionnelle à ce que nous avons semé. La Bible souligne que "chacun donne comme il l'a résolu en son cœur, non à regret ou par nécessité, car Dieu aime celui qui donne avec joie" (2 Corinthiens 9:7). Cela signifie que la générosité doit découler d'un cœur joyeux et volontaire. La loi de retour ne fonctionne pas si nous donnons à contrecœur ou par contrainte.

La loi de retour nous rappelle que la générosité est un investissement dans l'abondance. En semant la générosité, nous manifestons notre foi en l'abondance de Dieu, en sa capacité à multiplier nos ressources et à bénir notre vie. C'est un acte de foi en action, montrant que nous croyons que Dieu est fidèle à sa promesse de bénédiction.

Ce sous-point nous rappelle que la loi de retour est une réalité spirituelle qui transcende les aspects purement matériels de la prospérité. Elle fonctionne au niveau de la foi et de la confiance en Dieu. En semant la générosité, nous devenons participants de la loi de retour, en semant les graines de l'abondance dans nos vies et dans celles des autres. La loi de retour est la clé pour récolter une moisson abondante sur notre chemin vers l'abondance.

5 lois de Dieu sur la Création de la Richesse

La Loi de la Charité Divine : Cette loi souligne l'importance de la charité comme un acte de bonté et d'amour envers les autres. La Bible enseigne que donner aux nécessiteux peut conduire à la prospérité.

La Loi de Donner et Recevoir : La charité est présentée comme une clé de l'abondance selon les enseignements bibliques. Cette loi encourage les lecteurs à donner avec un cœur généreux, sachant qu'ils recevront en retour.

La Loi de la Générosité Inconditionnelle : Dieu exhorte à donner sans attendre quelque chose en retour. Cette loi met en avant l'importance de donner par amour et compassion, sans chercher à obtenir des avantages matériels.

La Loi de Semer pour Récolter : Semer la générosité est un concept biblique. Cette loi encourage les lecteurs à semer dans la vie des autres et à s'attendre à une récolte d'abondance, à la fois spirituelle et matérielle.

La Loi de la Charité comme Clé de l'Abondance : La charité est présentée comme une voie vers l'abondance dans la Bible. Cette loi met en avant le fait que la générosité ouvre la porte à la prospérité, tant sur le plan financier que spirituel.

Chapitre 5 : La persévérance et le succès

Ne Jamais Abandonner :
La Persévérance selon les Enseignements Bibliques

Lorsque nous poursuivons la création de richesse, la persévérance devient un allié précieux sur notre chemin vers le succès financier. Les enseignements bibliques nous rappellent que la persévérance est une vertu essentielle qui peut nous aider à surmonter les obstacles et à atteindre nos objectifs financiers. Dans ce sous-point, nous explorerons comment la persévérance, telle qu'elle est enseignée dans la Bible, peut être la clé de l'abondance.

La persévérance, selon les enseignements bibliques, est étroitement liée à la foi. La Bible nous rappelle que "nous marchons par la foi, non par la vue" (2 Corinthiens 5:7). Cela signifie que la persévérance nécessite une confiance inébranlable en Dieu et en ses promesses, même lorsque les circonstances semblent contraires. C'est un rappel que la foi est le moteur de la persévérance.

Un exemple puissant de persévérance dans la Bible est l'histoire de Job. Job a fait face à des pertes massives, à la maladie et à l'adversité, mais il a refusé d'abandonner sa foi en Dieu. Sa persévérance a finalement été récompensée par une restauration de sa prospérité. Cette histoire nous montre que la persévérance dans la foi peut conduire à la restauration de nos biens, même après des épreuves.

La persévérance est également liée à la notion de "semence de persévérance". La Bible nous enseigne que "celui qui persévère dans l'effort finira par récolter" (Proverbes 14:14). Cela signifie que la persévérance est un processus continu, un engagement à travailler dur malgré les défis. C'est une reconnaissance que la persévérance crée des opportunités, que les efforts constants mènent à des récompenses durables.

Un aspect essentiel de la persévérance est la patience. La Bible nous encourage à être patients dans l'attente de la bénédiction de Dieu. Elle rappelle que "celui qui est patient montre une grande intelligence" (Proverbes 14:29). La patience est un élément clé de la persévérance, car elle nous permet de continuer à travailler vers nos objectifs, même lorsque les résultats tardent à se manifester.

La persévérance est une manifestation de notre foi en l'abondance de Dieu. En persévérant, nous montrons que nous croyons que Dieu est fidèle à ses promesses de prospérité. C'est un acte de foi en action, un rappel que la persévérance est le moyen par lequel la bénédiction de Dieu peut se manifester dans nos vies.

Ce sous-point nous rappelle que la persévérance est une qualité précieuse sur notre chemin vers le succès financier. C'est une vertu qui nous aide à surmonter les obstacles, à maintenir notre foi en action et à persister dans nos efforts pour atteindre nos objectifs. La persévérance, selon les enseignements bibliques, est la clé de l'abondance, car elle nous rappelle que, même face aux défis, nous pouvons continuer à avancer avec confiance dans la promesse de Dieu.

Réussir avec Persévérance : La Voie vers la Richesse Éternelle

La persévérance, telle qu'elle est enseignée dans les Écritures, est bien plus qu'une simple qualité. C'est une voie vers le succès qui peut nous conduire vers une richesse éternelle. Dans ce sous-point, nous explorerons en profondeur comment la persévérance, enracinée dans les enseignements bibliques, peut être la clé pour atteindre une richesse qui transcende les biens matériels.

La persévérance, selon la Bible, est la clé pour obtenir des résultats durables. Elle repose sur l'idée que le succès financier ne découle pas uniquement des efforts à court terme, mais de l'engagement constant à marcher dans la voie de la sagesse financière. La Bible nous rappelle que "la persévérance doit accomplir son œuvre, afin que vous soyez parfaits et accomplis, sans faillir en rien" (Jacques 1:4). Cela signifie que la persévérance nous conduit vers la perfection dans notre cheminement vers la richesse.

Un exemple de persévérance dans la Bible est l'histoire de Joseph. Malgré les nombreuses épreuves et les revers qu'il a connus, Joseph a persévéré dans sa foi en Dieu et dans la poursuite de la sagesse financière. Sa persévérance l'a finalement conduit à une position de pouvoir en Égypte, où il a pu gérer les ressources de manière sage et prospère. Cette histoire nous rappelle que la persévérance, même face à l'adversité, peut nous conduire vers le succès financier.

La persévérance est également liée à la notion de l'héritage éternel. La Bible nous enseigne que "l'homme diligent se tiendra devant des rois ; il ne se tiendra pas devant des gens obscurs" (Proverbes 22:29). Cela signifie que la persévérance peut nous élever vers des positions de leadership et de responsabilité, où nous pouvons influencer positivement la société et la prospérité des autres. L'héritage que nous laissons derrière nous, basé sur notre persévérance dans la sagesse financière, est un trésor éternel.

Un aspect essentiel de la persévérance est la constance dans l'apprentissage. La Bible nous rappelle que "l'homme intelligent recherche la connaissance, mais la bouche des insensés se repaît de folie" (Proverbes 15:14). La persévérance dans la recherche de la sagesse financière et dans l'apprentissage constant est une clé pour le succès financier durable.

La persévérance, selon les enseignements bibliques, est la voie vers une richesse éternelle. Elle nous rappelle que le succès financier va au-delà des biens matériels, car il inclut l'héritage que nous laissons derrière nous et l'impact positif que nous avons sur la vie des autres. En persévérant dans la foi, la sagesse financière et la recherche de la connaissance, nous pouvons atteindre une richesse qui perdure bien au-delà de notre vie terrestre.

Ce sous-point nous montre que la persévérance, enracinée dans la foi et la sagesse financière, est la clé pour atteindre une richesse qui transcende les biens matériels. Elle nous conduit vers la perfection, vers une position de leadership et d'influence, et vers un héritage éternel qui bénéficie à notre vie et à celle des autres. La persévérance est la voie vers une richesse qui perdure au-delà de nos jours, une richesse qui s'inscrit dans l'éternité.

5 lois de Dieu sur la Création de la Richesse

La Loi de la Persévérance Divine : Cette loi met en avant la persévérance comme une vertu essentielle pour atteindre la richesse. Elle encourage les lecteurs à persévérer dans leurs efforts financiers malgré les obstacles.

La Loi de la Réussite avec Persévérance : Cette loi souligne que la persévérance est la voie vers le succès financier. Elle enseigne que la persévérance conduit à la richesse éternelle.

La Loi de la Vision Financière : La Bible enseigne que l'établissement d'objectifs financiers clairs et d'une vision est essentiel pour atteindre la prospérité. Cette loi met en avant l'importance de la planification financière.

La Loi de l'Effort Continu : Dieu encourage à travailler sans relâche pour atteindre la richesse. Cette loi rappelle aux lecteurs qu'un effort constant est nécessaire pour réussir financièrement.

La Loi de la Réussite Durable : Cette loi souligne que la persévérance et la vision financière conduisent à une richesse durable et éternelle. Elle met en avant l'idée que la réussite financière n'est pas éphémère, mais qu'elle peut perdurer dans le temps.

Chapitre 6 : La prospérité et la gratitude

Gratitude et Richesse : Cultiver l'Abondance par la Reconnaissance

Dans notre quête de prospérité, il est essentiel de comprendre le rôle central que la gratitude joue dans la création de richesse. Les enseignements bibliques nous rappellent que la reconnaissance et la gratitude sont les bases sur lesquelles repose l'abondance. Dans ce sous-point, nous explorerons comment la gratitude peut être la clé pour cultiver une vie de richesse et d'abondance.

La gratitude, selon les Écritures, est une posture du cœur qui reconnaît que tout ce que nous avons est un don de Dieu. La Bible nous rappelle que "toute grâce excellente et tout don parfait descendent d'en haut, du Père des lumières" (Jacques 1:17). Cela signifie que chaque aspect de notre prospérité, qu'il s'agisse de biens matériels, de talents ou d'opportunités, est un don divin. La gratitude naît de cette prise de conscience.

Un exemple puissant de gratitude dans la Bible est l'histoire de la multiplication des pains et des poissons par Jésus. Lorsque Jésus a béni les cinq pains et les deux poissons, il a donné grâce pour ces modestes provisions. Le miracle qui a suivi a montré que la gratitude et la reconnaissance ouvrent la porte à l'abondance. La gratitude est le catalyseur qui multiplie les bénédictions de Dieu.

La gratitude est également liée à la notion d'humilité. La Bible nous enseigne que "Dieu résiste aux orgueilleux, mais il fait grâce aux humbles" (Jacques 4:6). La gratitude est une expression d'humilité, car elle reconnaît que nous dépendons de Dieu pour tout ce que nous avons. En étant humble dans notre gratitude, nous ouvrons notre cœur à davantage de bénédictions divines.

Un aspect essentiel de la gratitude est son pouvoir de transformation. La Bible nous rappelle que "soyez transformés par le renouvellement de votre intelligence" (Romains 12:2). La gratitude renouvelle notre manière de penser et de percevoir le monde. Elle nous permet de voir les opportunités et les bénédictions là où d'autres voient des obstacles. En cultivant la gratitude, nous pouvons transformer notre réalité financière.

La gratitude, selon les enseignements bibliques, est la clé pour cultiver l'abondance. Elle nous rappelle que la richesse va au-delà des biens matériels, car elle inclut la reconnaissance pour les dons de Dieu dans notre vie. La gratitude est une attitude qui multiplie les bénédictions et qui ouvre la voie à une vie de prospérité. En cultivant la gratitude, nous pouvons cultiver l'abondance et vivre une vie de richesse véritable.

Ce sous-point nous montre que la gratitude est le fondement de la prospérité. Elle nous rappelle que la reconnaissance pour les dons de Dieu est la clé pour multiplier les bénédictions et pour vivre une vie de richesse véritable. La gratitude est la posture du cœur qui nous permet de recevoir davantage de la part de Dieu et de manifester une prospérité qui transcende les biens matériels.

Merci pour la Richesse :
Les Bénédictions de la Gratitude

La gratitude est un trésor souvent négligé. Elle ne concerne pas seulement le fait de dire "merci" lorsque quelqu'un fait quelque chose pour vous, mais elle est aussi un outil puissant pour attirer la richesse et la prospérité dans votre vie. La gratitude vous permet de reconnaître les bénédictions et les opportunités qui vous sont offertes. Voici comment la gratitude peut vous aider à créer de la richesse :

La gratitude vous aide à reconnaître l'abondance qui vous entoure. Lorsque vous êtes reconnaissant pour ce que vous avez déjà, vous créez une attitude positive envers la richesse. Vous comprenez que vous êtes déjà béni, et cela ouvre la porte à davantage de richesse.

Lorsque vous exprimez de la gratitude, vous émettez une énergie positive dans l'univers. Cela attire des opportunités et des bénédictions supplémentaires. Les gens ont tendance à être attirés par des individus positifs et reconnaissants, ce qui peut mener à des partenariats fructueux et des opportunités d'affaires.

La gratitude peut réduire le stress financier en vous aidant à rester concentré sur les aspects positifs de votre situation financière. Plutôt que de vous inquiéter constamment de ce qui manque, vous vous concentrez sur ce que vous avez. Cela peut vous aider à prendre des décisions financières plus judicieuses et à attirer davantage d'abondance.

La gratitude vous incite à être généreux envers les autres. Lorsque vous partagez votre richesse, que ce soit en donnant de votre temps, de l'argent ou des ressources, cela revient souvent sous forme de bénédictions et de richesse accrue. La générosité crée un cycle de prospérité.

La gratitude ne concerne pas seulement la richesse matérielle, mais aussi l'abondance spirituelle. Elle renforce votre relation avec Dieu ou l'univers, vous aidant à vous sentir connecté à une source supérieure de richesse. Cela peut apporter une paix intérieure et une richesse spirituelle profonde.

La gratitude est une attitude puissante qui peut vous aider à créer de la richesse d'une manière holistique. Elle change votre perspective sur la vie et attire des bénédictions supplémentaires. En pratique, prenez le temps chaque jour pour exprimer de la gratitude, que ce soit dans un journal de remerciements ou en disant simplement "merci" pour les bénédictions que vous recevez. Cela vous aidera à créer une base solide pour une richesse durable.

5 lois de Dieu sur la Création de la Richesse

La Loi de la Gratitude Financière : Cette loi enseigne que la gratitude envers Dieu pour les bénédictions financières est essentielle pour attirer davantage de richesse. Elle encourage les lecteurs à reconnaître et à être reconnaissants pour ce qu'ils ont déjà.

La Loi de la Reconnaissance Abondante : La Bible met en avant l'idée que la reconnaissance attire l'abondance. Cette loi explique comment la gratitude peut ouvrir la voie à des bénédictions financières accrues.

La Loi de la Générosité et de la Richesse : La Bible encourage la générosité envers les autres. Cette loi explique comment donner aux autres contribue à la création de richesse et d'abondance.

La Loi de la Contentement Financier : La contentement financier est un principe important pour atteindre la prospérité. Cette loi encourage les lecteurs à être satisfaits de ce qu'ils ont tout en poursuivant la richesse.

La Loi de la Croissance à travers la Gratitude : Cette loi met en avant l'idée que la gratitude et la reconnaissance sont des moyens de croître sur le plan financier et spirituel. Elle explique comment la gratitude peut être un moteur de la prospérité durable.

Chapitre 7 : Les investissements avisés

Investir avec Sagesse : Les Principes Bibliques de la Prospérité

Dans notre quête de prospérité, l'investissement est une étape cruciale. Cependant, il est essentiel de comprendre que l'investissement va bien au-delà de l'argent. Les enseignements bibliques nous rappellent que l'investissement implique la gestion prudente de toutes les ressources que Dieu nous a confiées, y compris notre temps, nos talents et nos finances. Dans ce sous-point, nous explorerons comment les principes bibliques de la prospérité peuvent nous guider vers des investissements avisés.

Investir avec sagesse commence par la reconnaissance que tout ce que nous avons appartient à Dieu. La Bible nous rappelle que "la terre est à l'Éternel, avec tout ce qu'elle renferme, le monde entier et tous ceux qui l'habitent" (Psaume 24:1). Cette prise de conscience est la base de la gestion avisée de nos ressources, car elle nous rappelle que nous sommes des intendants responsables de ce qui nous est confié.

Un exemple biblique de gestion avisée est l'histoire des talents. Jésus a raconté la parabole des talents pour illustrer l'importance d'investir sagement. Dans cette histoire, un maître confie des talents à ses serviteurs, et ceux qui investissent les talents avec sagesse sont récompensés. Cette parabole nous enseigne que l'investissement avisé est récompensé par une multiplication des bénédictions.

Les principes bibliques de la prospérité nous rappellent que l'investissement doit être basé sur la prière et la recherche de la volonté de Dieu. La Bible nous encourage à "chercher d'abord le royaume de Dieu et sa justice" (Matthieu 6:33). Cela signifie que nos investissements doivent être alignés sur les valeurs du royaume de Dieu. La prière et la recherche de la volonté de Dieu nous guident vers les opportunités d'investissement qui glorifient Dieu.

L'investissement avisé repose également sur la diversification. La Bible nous rappelle que "donner à sept et aussi à huit, car tu ne sais pas quel mal peut arriver sur la terre" (Ecclésiaste 11:2). La diversification de nos investissements, qu'il s'agisse d'argent, de temps ou de talents, est une stratégie sage pour minimiser les risques et maximiser les opportunités.

Un aspect essentiel de l'investissement avec sagesse est la patience. La Bible nous enseigne que "les fruits de la patience sont meilleurs que l'orgueil" (Proverbes 14:29). L'investissement avisé implique souvent de patienter pour voir les résultats. La patience est la clé pour éviter des décisions impulsives et pour permettre à nos investissements de croître de manière stable.

L'investissement avec sagesse, selon les principes bibliques de la prospérité, est une démarche holistique qui englobe tous les aspects de notre vie. Cela implique la gestion prudente de nos ressources, la prière pour la direction de Dieu, la diversification, et la patience. Les investissements avisés sont une manifestation de notre fidélité envers Dieu en tant que gestionnaires responsables de ses dons.

Ce sous-point nous montre que l'investissement avec sagesse va bien au-delà de l'argent. Il inclut la gestion prudente de toutes les ressources que Dieu nous a confiées. Les principes bibliques de la prospérité nous guident vers des investissements qui honorent Dieu et qui nous permettent de gérer nos ressources de manière responsable. L'investissement avisé est une démarche qui reflète notre engagement envers la prospérité selon les valeurs du royaume de Dieu.

Multiplication Divine :
La Croissance Financière Selon la Bible

Lorsque nous parlons d'investissements avisés à la lumière des enseignements bibliques, il est essentiel de comprendre que la croissance financière va au-delà des stratégies humaines. La Bible nous enseigne que Dieu joue un rôle actif dans la multiplication de nos ressources. Dans ce sous-point, nous explorerons le concept de multiplication divine et comment la croissance financière selon la Bible dépasse nos attentes humaines.

La multiplication divine est un concept fondamental dans les Écritures. La Bible regorge d'histoires de multiplication miraculeuse, telles que la multiplication des pains et des poissons par Jésus. Cette histoire démontre que lorsque nous mettons nos ressources entre les mains de Dieu, il peut les multiplier de manière extraordinaire. La multiplication divine nous rappelle que Dieu est le véritable dispensateur de la prospérité.

Un exemple biblique de multiplication divine est l'histoire d'Élisée et de la veuve. Élisée a conseillé à une veuve endettée de rassembler autant de récipients vides qu'elle le pouvait. L'huile dans sa jarre s'est multipliée miraculeusement pour remplir tous les récipients, et elle a pu vendre l'huile pour rembourser ses dettes. Cette histoire illustre que la multiplication divine peut nous délivrer de la dette et nous conduire vers la liberté financière.

La multiplication divine est également liée à la foi. La Bible nous enseigne que "tout est possible à celui qui croit" (Marc 9:23). La foi en Dieu et en sa capacité à multiplier nos ressources est un élément essentiel de la croissance financière selon la Bible. Lorsque nous croyons en la puissance de Dieu pour multiplier, nous ouvrons la porte à des miracles financiers.

Un aspect important de la multiplication divine est la générosité. La Bible nous rappelle que "celui qui sème peu moissonnera peu, et celui qui sème abondamment moissonnera abondamment" (2 Corinthiens 9:6). La multiplication divine est souvent déclenchée par notre acte de semence généreuse. Lorsque nous donnons avec un cœur ouvert, Dieu peut multiplier nos dons et bénir abondamment.

La multiplication divine, selon les enseignements bibliques, est une réalité qui dépasse nos attentes humaines. Elle nous rappelle que Dieu est le dispensateur de la prospérité et qu'il peut multiplier nos ressources de manière miraculeuse. La foi, la générosité et la mise en action de nos ressources sont des éléments clés pour déclencher la multiplication divine. En comprenant ce concept, nous pouvons vivre une croissance financière qui va bien au-delà de nos calculs humains.

Ce sous-point nous montre que la multiplication divine est une réalité dans la prospérité selon les enseignements bibliques. Elle nous rappelle que Dieu est capable de multiplier nos ressources de manière extraordinaire lorsque nous croyons en sa puissance, que nous sommes généreux et que nous mettons nos ressources entre ses mains. La multiplication divine est une manifestation de la prospérité qui va au-delà de nos rêves les plus fous, une croissance financière qui reflète la grâce et la puissance de Dieu.

5 lois de Dieu sur la Création de la Richesse

La Loi de la Multiplication Divine : Cette loi met en avant l'idée que Dieu peut multiplier les investissements avisés de ceux qui suivent ses principes financiers. Elle encourage les lecteurs à investir avec foi en comptant sur la bénédiction divine.

La Loi de la Sagesse Financière : La Bible encourage la recherche de la sagesse dans la gestion financière. Cette loi explique comment des décisions financières prudentes peuvent conduire à l'abondance.

La Loi de la Croissance Financière : Cette loi enseigne que la croissance financière est un processus continu. Elle encourage les lecteurs à investir dans des domaines qui favorisent la croissance à long terme de leurs finances.

La Loi de l'Intégrité Financière : L'intégrité dans les investissements est un principe Important. Cette loi explique comment des investissements basés sur des valeurs morales et éthiques sont bénis par Dieu.

La Loi de la Bénédiction Divine sur les Investissements : Cette loi met en avant l'idée que Dieu peut bénir les investissements de ceux qui les consacrent à sa cause. Elle encourage les lecteurs à investir de manière à contribuer au bien commun et à la propagation de la foi.

Chapitre 8 : La sagesse financière

La Sagesse du Proverbe :
Édifier une Fortune Solide

Dans notre recherche de prospérité, la sagesse financière est une pierre angulaire pour bâtir une base solide. Les Proverbes bibliques regorgent de conseils pratiques pour gérer nos finances de manière avisée. Dans ce sous-point, nous explorerons la sagesse du Livre des Proverbes et comment elle peut nous guider pour édifier une fortune solide.

Les Proverbes sont une mine d'or de sagesse financière. Ils nous rappellent l'importance de la prudence dans nos décisions financières. Par exemple, "l'homme prudent voit le mal et se cache, les simples avancent et en font les frais" (Proverbes 27:12). Cela signifie que la prudence dans nos finances implique de prévoir les éventuels problèmes et de prendre des mesures pour les éviter.

Un exemple de sagesse financière tiré des Proverbes est la notion d'épargne. Le Livre des Proverbes encourage l'épargne en disant : "Va vers la fourmi, paresseux ! Regarde ses voies, et deviens sage" (Proverbes 6:6). Les fourmis sont connues pour stocker des provisions pour l'avenir, et cette leçon nous rappelle l'importance de l'épargne pour faire face aux besoins futurs.

Les Proverbes mettent également l'accent sur l'intégrité dans nos transactions financières. "Balance fausse, l'Éternel la déteste, mais le poids juste lui est agréable" (Proverbes 11:1). Cela signifie que nos transactions financières doivent être honnêtes et équitables. L'intégrité est la base de toute relation financière saine.

La sagesse des Proverbes nous encourage également à être généreux. "Celui qui donne au pauvre ne connaîtra pas la misère" (Proverbes 28:27). Être généreux est une manifestation de la sagesse financière, car cela nous rappelle que la prospérité n'est pas seulement pour notre propre bénéfice, mais aussi pour le bien des autres.

Un aspect essentiel de la sagesse financière des Proverbes est la recherche de conseil. "Celui qui marche avec les sages devient sage, mais le compagnon des insensés s'en trouve mal" (Proverbes 13:20). Cela signifie que la recherche de conseils avisés de personnes expérimentées en matière financière est une démarche sage. La sagesse financière n'est pas seulement une question de connaissance, mais aussi de discernement.

La sagesse du Proverbe nous enseigne que la gestion financière est une démarche holistique qui englobe la prudence, l'épargne, l'intégrité, la générosité et la recherche de conseils. Les Proverbes bibliques sont une source inestimable de conseils pratiques pour édifier une fortune solide. En les mettant en pratique, nous pouvons bâtir une base financière qui résistera aux tempêtes de la vie.

Ce sous-point nous montre que la sagesse financière des Proverbes est une boussole précieuse pour notre parcours vers la prospérité. Elle nous rappelle que la prudence, l'épargne, l'intégrité, la générosité et la recherche de conseils sont des éléments essentiels pour édifier une fortune solide. La sagesse financière est une démarche qui honore Dieu et qui nous guide vers une prospérité durable.

La Richesse et Sagesse :
Les Fondations de l'Abondance

Dans notre quête de prospérité, il est impératif de comprendre que la richesse et la sagesse sont intrinsèquement liées. La sagesse financière est la clé qui peut ouvrir les portes de l'abondance. Dans ce sous-point, nous explorerons le lien profond entre la richesse et la sagesse et comment cette connexion peut établir les fondations solides de l'abondance.

La richesse n'est pas seulement une question d'accumulation de biens matériels, mais aussi de gestion judicieuse de ces biens. La sagesse financière nous guide dans la manière dont nous gérons nos ressources, que ce soit l'argent, le temps ou les talents. Les Proverbes 4:7 nous rappellent que "la suprématie appartient à la sagesse." En d'autres termes, la sagesse est la clé de la richesse durable.

Un exemple de la connexion entre la richesse et la sagesse est la gestion des dettes. Les Proverbes nous enseignent que "l'homme habile prévoit le malheur et se cache ; les simples passent outre et en paient le prix" (Proverbes 22:3). Cela signifie que la sagesse financière nous encourage à prévoir les éventuels problèmes financiers et à prendre des mesures pour les éviter, comme éviter de s'endetter de manière excessive.

La sagesse financière implique également la prise de décisions éclairées. Les Proverbes 15:22 nous disent que "les projets échouent faute d'une assemblée qui délibère, mais ils réussissent quand il y a de nombreux conseillers." Cela nous rappelle que la richesse n'est pas le fruit de décisions impulsives, mais de choix réfléchis et bien conseillés.

La générosité est un autre aspect de la sagesse financière qui est étroitement lié à la richesse. Les Proverbes 11:24-25 nous enseignent que "celui qui donne libéralement devient plus riche, et l'âme bienfaisante sera rassasiée." La générosité n'appauvrit pas, mais enrichit, et la sagesse financière nous encourage à partager nos ressources avec les autres.

La richesse et la sagesse sont les fondations de l'abondance. La richesse sans sagesse est fragile, tandis que la sagesse sans une gestion financière adéquate peut ne pas mener à la richesse. La sagesse financière nous guide dans la prise de décisions éclairées, la gestion des ressources, la prévoyance, et la générosité, ce qui crée un cercle vertueux de prospérité durable.

Ce sous-point nous démontre que la richesse et la sagesse sont indissociables. La sagesse financière est la clé de la gestion judicieuse de nos ressources et de la prise de décisions éclairées, ce qui établit les fondations solides de l'abondance. La richesse n'est pas une fin en soi, mais un moyen de réaliser des objectifs plus élevés et d'impact positif. En comprenant le lien entre la richesse et la sagesse, nous pouvons bâtir un avenir financier solide et prospère.

5 lois de Dieu sur la Création de la Richesse

La Loi de la Richesse et de la Sagesse : Cette loi souligne l'importance de combiner la recherche de la richesse avec la sagesse. Elle encourage les lecteurs à prendre des décisions financières éclairées, basées sur la connaissance et la compréhension.

La Loi de la Générosité et de l'Abondance : La Bible enseigne que la générosité conduit à l'abondance. Cette loi explique comment donner de manière désintéressée peut ouvrir les portes de la prospérité.

La Loi de la Planification Financière : La planification financière est cruciale pour gérer sa richesse. Cette loi encourage les lecteurs à élaborer des plans financiers solides pour atteindre leurs objectifs de prospérité.

La Loi de la Prudence Financière : La prudence financière est un principe biblique qui met l'accent sur la gestion judicieuse des ressources. Elle enseigne comment éviter les pièges financiers et les mauvaises décisions.

La Loi de la Foi et de l'Investissement : La foi joue un rôle essentiel dans les investissements. Cette loi explique comment avoir confiance en Dieu tout en investissant dans des opportunités financières peut conduire à la prospérité.

Chapitre 9 : La prière et la prospérité

La Prière qui Prospère :
Se Connecter à Dieu pour la Richesse

La prière est un acte de communication avec le divin. C'est une conversation avec Dieu qui peut transcender les besoins spirituels pour inclure également les besoins matériels. La Bible nous rappelle que "demandez, et l'on vous donnera ; cherchez, et vous trouverez ; frappez, et l'on vous ouvrira" (Matthieu 7:7). Cette invitation à demander est le point de départ de la prière pour la prospérité.

La prière pour la richesse ne consiste pas seulement à demander, mais aussi à écouter. La méditation silencieuse et l'écoute attentive de la voix divine sont essentielles pour comprendre la volonté de Dieu en ce qui concerne notre prospérité. Les réponses à nos prières peuvent se manifester par des idées, des opportunités ou des rencontres inattendues.

La prière est également un moyen de cultiver la gratitude. Reconnaître et remercier Dieu pour les bénédictions déjà reçues crée une atmosphère propice à l'abondance future. "Rendez grâces en tout, car c'est à votre égard la volonté de Dieu en Jésus-Christ" (1 Thessaloniciens 5:18). La gratitude ouvre la porte à une plus grande richesse.

L'alignement de la prière avec la foi est un autre aspect crucial de la prière pour la prospérité. La foi est une confiance inébranlable en la réponse de Dieu à nos prières. Jésus a enseigné : "Tout ce que vous demanderez en priant, croyez que vous l'avez reçu, et cela vous sera accordé" (Marc 11:24). La foi active est la clé pour voir les prières de prospérité se manifester.

La prière pour la richesse n'est pas une quête égoïste, mais un moyen de servir Dieu et les autres. La richesse peut être un outil puissant pour accomplir des œuvres de charité et apporter du bien à la communauté. La prière pour la prospérité devrait inclure une intention de partager et d'être un instrument de bénédiction.

En concluant ce sous-point, il est essentiel de comprendre que la prière pour la richesse n'est pas une quête matérialiste, mais une quête spirituelle. C'est un moyen de créer une connexion profonde avec Dieu en vue de l'abondance, non seulement pour notre propre bien, mais aussi pour contribuer au bien-être de l'humanité. La prière est un acte de foi qui peut transformer nos vies et celles des autres de manière extraordinaire.

Richesse Spirituelle par la Prière :
La Voie de la Prospérité Divine

Bienvenue dans ce sous-point qui explore la dimension spirituelle de la prière en relation avec la prospérité. Nous plongerons dans l'idée de la richesse spirituelle obtenue par la prière, qui constitue la voie vers une prospérité véritablement divine.

La prospérité, en son essence, ne se limite pas à l'accumulation de biens matériels, mais englobe une richesse spirituelle qui transcende la réalité physique. La prière est le moyen par lequel nous nous connectons à cette richesse spirituelle, qui comprend la paix intérieure, la sagesse, la joie, et un profond sentiment d'accomplissement.

La prière nous permet de nous aligner avec les desseins divins pour notre vie, y compris notre prospérité. Elle nous guide pour reconnaître que la richesse spirituelle est la première étape vers l'abondance matérielle. Jésus nous a rappelé : "Cherchez premièrement le royaume de Dieu et sa justice, et toutes ces choses vous seront données par-dessus" (Matthieu 6:33).

La richesse spirituelle par la prière se manifeste également par un état d'esprit positif et optimiste. Les pensées et les paroles que nous prononçons lors de nos prières ont un impact direct sur notre attitude envers la prospérité. La prière renforce notre foi et notre confiance dans la réalisation de nos désirs, ce qui attire les opportunités de prospérité.

La gratitude est une composante essentielle de la richesse spirituelle. En priant avec gratitude, nous reconnaissons que tout ce que nous avons provient de Dieu. Cela crée un cercle vertueux, car plus nous sommes reconnaissants, plus nous attirons de bénédictions et de prospérité dans notre vie.

La richesse spirituelle par la prière nous pousse également à partager nos ressources et à être généreux envers les autres. La prière nous rappelle que nous sommes tous connectés dans une toile spirituelle, et partager nos bénédictions renforce cette connexion.

En somme, la richesse spirituelle par la prière est la voie de la prospérité divine. Elle nous aide à nous connecter à une réalité plus profonde, à cultiver une attitude positive et reconnaissante, et à partager nos bénédictions avec les autres. En poursuivant cette voie, nous découvrons que la prospérité matérielle est une extension naturelle de notre richesse spirituelle. La prière est le moyen par lequel nous manifestons cette richesse dans notre vie quotidienne.

5 lois de Dieu sur la Création de la Richesse

La Loi de la Prière Persévérante : Cette loi souligne l'importance de la persévérance dans la prière pour la prospérité. Elle encourage les lecteurs à maintenir une relation spirituelle active pour rechercher la richesse divine.

La Loi de la Gratitude Financière : La gratitude est une clé pour attirer la richesse. Cette loi explique comment remercier Dieu pour les bénédictions financières peut ouvrir la voie à une plus grande prospérité.

La Loi de la Confiance en la Providence Divine : Cette loi met en avant la confiance en la providence divine. Elle enseigne aux lecteurs à avoir confiance en Dieu pour pourvoir à leurs besoins financiers.

La Loi de la Générosité Spirituelle : La générosité dans la prière et dans les actions est un principe clé. Cette loi encourage les lecteurs à donner avec un cœur généreux et à être ouverts à la richesse spirituelle.

La Loi de la Foi dans l'Abondance Divine : La foi joue un rôle central dans la réalisation de la richesse spirituelle. Cette loi explique comment avoir une foi inébranlable dans l'abondance que Dieu peut offrir.

Chapitre 10 : La perspicacité financière

Perspicacité Divine : Développer un Esprit Aiguisé pour les Finances

La perspicacité divine commence par la reconnaissance que tout ce que nous avons, y compris notre argent, est un don de Dieu. En priant pour la perspicacité financière, nous demandons à Dieu de nous éclairer sur la meilleure façon d'utiliser ces ressources pour notre bien et celui des autres. Le roi Salomon, réputé pour sa sagesse, a prié pour la perspicacité et a reçu une grande richesse en conséquence (1 Rois 3:9-14).

La prière pour la perspicacité financière est également un appel à la sagesse dans la gestion de l'argent. Elle nous encourage à prendre des décisions financières éclairées, à investir judicieusement et à éviter les pièges de la dette. Proverbes 13:11 nous rappelle : "La richesse mal acquise diminue, mais celui qui amasse peu à peu l'augmente."

Lorsque nous prions pour la perspicacité financière, nous recherchons également la clarté sur la différence entre nos besoins et nos désirs. Cette distinction est essentielle pour éviter les dépenses inutiles et l'endettement excessif. La perspicacité divine nous guide pour savoir où concentrer nos ressources et où montrer de la modération.

La perspicacité financière est également liée à la générosité. La prière pour la perspicacité nous encourage à partager notre prospérité avec les autres, en étant conscients que donner est une source de bénédictions. "Donnez, et il vous sera donné : une bonne mesure, serrée, secouée et qui déborde, sera versée dans votre sein ; car de la mesure dont vous mesurerez, on vous mesurera aussi" (Luc 6:38).

En somme, développer une perspicacité divine pour les finances est un acte de foi et de sagesse. C'est une démarche pour comprendre et gérer nos ressources matérielles avec sagesse, tout en reconnaissant leur origine divine. En priant pour cette perspicacité, nous sommes guidés pour prendre des décisions financières éclairées, investir judicieusement, et partager avec générosité. La perspicacité divine est un pilier essentiel pour prospérer selon les lois de Dieu.

Intelligence Financière :
La Clé de l'Abondance Éclairée

L'intelligence financière commence par l'éducation. Cela signifie se former, lire, étudier et rechercher des informations sur la gestion de l'argent. Les Écritures nous rappellent que "l'homme habile est rempli de biens" (Proverbes 14:23). En développant notre intelligence financière, nous devenons habiles à gérer nos ressources.

La prière joue un rôle essentiel dans le développement de l'intelligence financière. En priant pour la sagesse et la compréhension dans nos affaires financières, nous recherchons l'orientation divine pour prendre des décisions éclairées. Le livre de Jacques 1:5 nous encourage à demander la sagesse de Dieu, et il nous sera donné.

L'intelligence financière comprend également la gestion du risque. Nous reconnaissons qu'il y a des risques inhérents à toute entreprise financière. Cependant, en utilisant notre intelligence financière, nous pouvons minimiser ces risques en prenant des décisions calculées et en diversifiant nos investissements.

La générosité est un aspect fondamental de l'intelligence financière. En partageant notre prospérité avec les autres, nous expérimentons la véritable richesse. L'intelligence financière nous apprend que donner crée un flux continu de bénédictions.

Enfin, l'intelligence financière est la clé pour atteindre une abondance éclairée. Elle commence par l'éducation et l'acquisition de connaissances financières. La prière est le moyen par lequel nous demandons la sagesse divine pour prendre des décisions judicieuses. Elle englobe également la gestion du risque et la générosité. En développant notre intelligence financière, nous devenons habiles à gérer nos ressources matérielles, tout en restant alignés avec les principes divins de prospérité.

5 lois de Dieu sur la Création de la Richesse

La Loi de la Sagesse Financière : Cette loi met l'accent sur l'importance d'acquérir une sagesse financière basée sur les principes bibliques. Elle encourage les lecteurs à prendre des décisions financières éclairées.

La Loi de la Gestion Prudente : Cette loi souligne l'importance de gérer les ressources financières avec prudence et responsabilité. Elle enseigne aux lecteurs à éviter la dette excessive et à planifier leur avenir financier.

La Loi de la Multiplication Bénie : Cette loi explique comment les principes bibliques de gestion financière peuvent conduire à la multiplication des ressources. Elle encourage les lecteurs à investir leurs ressources de manière avisée.

La Loi de la Consécration Financière : La consécration de ses biens à Dieu est un aspect crucial de la richesse selon la Bible. Cette loi explique comment offrir ses finances à Dieu peut conduire à une abondance spirituelle.

La Loi de la Foi en l'Abondance Divine : La foi joue un rôle essentiel dans la gestion financière. Cette loi encourage les lecteurs à avoir une foi inébranlable en l'abondance que Dieu peut fournir, même dans les moments de difficulté financière.

Chapitre 11 : L'éthique des affaires

Foi dans les Affaires : L'Éthique et la Richesse selon la Bible

La foi dans les affaires commence par une confiance en Dieu et en ses principes. La Bible enseigne que la foi est la certitude des choses qu'on espère et la conviction de celles qu'on ne voit pas (Hébreux 11:1). Cette foi s'applique également à notre vie économique. Lorsque nous faisons des affaires avec foi, nous croyons que Dieu est le pourvoyeur ultime et que la prospérité découle de l'obéissance à ses principes.

L'éthique des affaires basée sur la Bible est enracinée dans l'intégrité. Proverbes 11:3 déclare : "L'intégrité des hommes droits les dirige, mais la perfidie des traîtres les détruit." Les chrétiens sont appelés à être des exemples d'intégrité dans leurs transactions commerciales. Cela signifie agir de manière honnête, être fidèle à ses engagements et maintenir des normes morales élevées.

La foi dans les affaires implique également de faire preuve de gratitude. Reconnaître que nos compétences et nos opportunités proviennent de Dieu nous encourage à exprimer notre gratitude par des actions de grâce et des actes de charité envers les autres. Cette gratitude renforce nos relations commerciales et ouvre la voie à davantage de bénédictions.

L'éthique des affaires basée sur la foi englobe également la gestion des conflits. La Bible nous encourage à rechercher la réconciliation et la résolution des conflits de manière pacifique. Lorsque les différends surviennent dans les affaires, la foi nous pousse à les aborder avec sagesse et à chercher des solutions qui honorent Dieu.

Enfin, la foi dans les affaires est une approche qui repose sur la confiance en Dieu et sur des principes moraux élevés. L'éthique des affaires basée sur la Bible se caractérise par l'intégrité, la gratitude, la gestion des conflits et la recherche de la prospérité à travers des moyens honnêtes. Cette combinaison de foi et d'éthique est non seulement un moyen de prospérer, mais aussi de témoigner de la puissance de la foi chrétienne dans le monde des affaires.

Entreprendre en Toute Intégrité : L'Éthique Biblique des Affaires

L'intégrité est la pierre angulaire de l'éthique des affaires bibliques. La Bible nous rappelle que "l'intégrité des hommes droits les dirige" (Proverbes 11:3). Cela signifie que les entrepreneurs chrétiens sont appelés à être des exemples d'intégrité dans tous les aspects de leurs affaires. L'intégrité implique de respecter ses engagements, de traiter les autres avec équité et d'agir de manière honnête et transparente.

La vérité est également un pilier de l'éthique des affaires basée sur la Bible. Jésus a dit : "Que votre parole soit 'oui', 'oui', 'non', 'non' ; ce qu'on y ajoute vient du malin" (Matthieu 5:37). Les entrepreneurs chrétiens sont encouragés à tenir leurs promesses et à être dignes de confiance. La vérité et la confiance sont essentielles pour établir des relations commerciales durables.
L'éthique des affaires basée sur la Bible englobe également la responsabilité sociale. Les entreprises chrétiennes sont appelées à contribuer positivement à leur communauté et à la société dans son ensemble. Cela signifie prendre des mesures pour réduire l'impact environnemental, soutenir des causes philanthropiques et veiller au bien-être de leurs employés.

La générosité est un autre aspect important de l'éthique des affaires bibliques. Les entrepreneurs chrétiens sont encouragés à donner une partie de leurs bénéfices pour soutenir des œuvres caritatives et des initiatives humanitaires. La Bible nous rappelle que "celui qui donne aux pauvres prête à l'Éternel" (Proverbes 19:17).

En somme, entreprendre en toute intégrité selon l'éthique biblique des affaires signifie pratiquer l'intégrité, dire la vérité, assumer la responsabilité sociale et faire preuve de générosité. Les entrepreneurs chrétiens sont appelés à être des modèles d'éthique et de comportement moral dans le monde des affaires, en démontrant comment la foi peut influencer positivement leurs activités commerciales. Cette approche non seulement conduit à la prospérité, mais témoigne également de l'engagement des chrétiens envers des valeurs éthiques élevées.

5 lois de Dieu sur la Création de la Richesse

La Loi de l'Intégrité dans les Affaires : Cette loi met en avant l'importance de mener des affaires avec intégrité, honnêteté et éthique. Elle encourage les lecteurs à éviter les pratiques commerciales malhonnêtes.

La Loi de la Générosité en Affaires : Cette loi explique comment la générosité envers les partenaires commerciaux, les employés et les clients peut favoriser la prospérité à long terme. Elle incite les lecteurs à adopter une approche généreuse dans leurs interactions commerciales.

La Loi de la Bonne Stewardship : Être un bon intendant des ressources financières est un principe biblique. Cette loi enseigne aux lecteurs à gérer leurs entreprises et leurs finances avec sagesse, en tant que gestionnaires responsables des biens de Dieu.

La Loi de l'Équité et de la Justice : Les Écritures enseignent l'importance de l'équité et de la justice dans les affaires. Cette loi encourage les lecteurs à traiter équitablement tous ceux avec qui ils font affaire, créant ainsi un climat de confiance et de prospérité.

La Loi de la Bénédiction Divine sur les Entreprises Éthiques : Cette loi souligne que Dieu peut bénir les entreprises qui opèrent avec éthique et conformément à Ses principes. Elle motive les lecteurs à rechercher la bénédiction divine en conduisant leurs affaires de manière éthique.

Chapitre 12 : L'abondance spirituelle

Richesse de l'Esprit :
Lien entre Spiritualité et Prospérité

La richesse de l'esprit est une richesse intangible qui découle de la croissance spirituelle et de la quête de sens. Cela implique de cultiver des qualités telles que la paix intérieure, la gratitude, l'amour, la compassion et la sagesse. Ces attributs enrichissent la vie d'une manière que l'argent seul ne peut pas accomplir.

La connexion entre la richesse de l'esprit et la prospérité matérielle est profonde. En développant une spiritualité saine et en nourrissant son esprit, une personne est plus à même de prendre des décisions judicieuses en affaires et de bâtir des relations positives. La clarté mentale et la paix intérieure qui découlent de la richesse de l'esprit peuvent favoriser la créativité, l'innovation et le leadership éclairé.

La gratitude est un aspect clé de la richesse de l'esprit. Reconnaître les bénédictions de la vie et être reconnaissant pour ce que l'on a crée un état d'esprit positif qui attire naturellement plus d'abondance dans la vie. La gratitude favorise également des relations saines et renforce les liens familiaux et communautaires.

L'amour et la compassion sont des éléments essentiels de la richesse de l'esprit. En étant compatissant envers les autres et en pratiquant l'amour inconditionnel, une personne peut créer un environnement harmonieux autour d'elle. Dans le monde des affaires, ces qualités peuvent se traduire par des relations commerciales solides, basées sur la confiance et le respect mutuel.

La sagesse spirituelle est un autre aspect important. Les enseignements spirituels offrent des conseils sur la manière de prendre des décisions éclairées, de résoudre des problèmes et de surmonter les obstacles. La sagesse spirituelle peut guider un entrepreneur vers des choix plus alignés avec ses valeurs et son objectif.

En somme, la richesse de l'esprit est un complément précieux à la prospérité matérielle. En développant une spiritualité saine et en cultivant des qualités telles que la gratitude, l'amour, la compassion et la sagesse, on peut atteindre une prospérité plus profonde et équilibrée. La richesse de l'esprit renforce également la capacité à gérer le succès matériel de manière responsable et éthique, contribuant ainsi à une vie abondante sous tous ses aspects.

La Quête Spirituelle de la Richesse : Une Approche Biblique

La Bible aborde la richesse de manière complexe. D'une part, elle met en garde contre l'attachement excessif aux biens matériels, soulignant les dangers de l'avidité. Cependant, elle reconnaît également que Dieu peut bénir ses fidèles avec la prospérité et que la richesse peut être utilisée pour faire le bien.

La quête spirituelle de la richesse selon une approche biblique commence par une attitude de confiance en Dieu. Les Écritures enseignent que Dieu pourvoira à nos besoins, et cette foi peut libérer une personne des soucis excessifs concernant l'argent. La confiance en Dieu devient une source de paix intérieure, un aspect essentiel de la richesse spirituelle.

La générosité est une composante fondamentale de l'approche biblique de la richesse. La Bible encourage la charité et le partage, soulignant que donner est une manière de semer des bénédictions. La quête de la richesse, du point de vue biblique, implique d'utiliser sa prospérité pour aider les autres et contribuer à l'amélioration du monde.

La sagesse financière est également cruciale. Les Proverbes bibliques regorgent de conseils sur la gestion financière prudente, l'investissement avisé et l'évitement de la dette excessive. Suivre ces principes peut contribuer à la croissance de la richesse matérielle tout en évitant les pièges financiers.

En somme, la quête spirituelle de la richesse, selon une approche biblique, repose sur une confiance en Dieu, une générosité active et une sagesse financière. Elle reconnaît que la richesse peut être un outil puissant pour faire le bien, mais qu'elle doit être gérée avec responsabilité et humilité. L'objectif ultime est de cultiver une richesse qui profite à la fois à l'individu et à la communauté, tout en maintenant une relation saine avec l'argent et en mettant Dieu au centre de cette quête.

5 lois de Dieu sur la Création de la Richesse

La Loi de l'Alignement Spirituel : Cette loi enseigne que pour connaître la prospérité, il est essentiel d'aligner ses actions financières sur ses valeurs spirituelles. Elle encourage les lecteurs à investir dans des domaines qui reflètent leurs croyances et leur foi.

La Loi de la Gratitude Financière : La gratitude est un principe spirituel puissant qui peut favoriser la prospérité. Cette loi explique comment la gratitude pour les ressources financières existantes peut ouvrir la voie à plus d'abondance.

La Loi de la Gestion Divine : Cette loi souligne l'importance de confier sa vie financière à Dieu et de chercher Sa direction dans la gestion de ses finances. Elle encourage les lecteurs à prier pour la sagesse et la guidance divines dans leurs décisions financières.

La Loi de la Générosité Spirituelle : Cette loi met en avant la connexion entre la générosité spirituelle et la prospérité. Elle encourage les lecteurs à donner avec un cœur ouvert, sachant que Dieu peut multiplier leurs dons.

La Loi de l'Investissement dans le Royaume : Investir dans des activités qui soutiennent la croissance spirituelle et le royaume de Dieu est une notion centrale. Cette loi explique comment les investissements spirituels peuvent également conduire à une richesse spirituelle et matérielle.

Chapitre 13 : La discipline financière

Discipline Divine : L'Art de la Gestion Financière

En entamant notre exploration du sous-point "Discipline Divine : L'Art de la Gestion Financière" au sein du Chapitre 13, nous pénétrons un domaine crucial de la recherche de la richesse basée sur des principes bibliques. La discipline financière est un élément clé pour atteindre la prospérité tout en restant fidèle aux enseignements de la Bible.

La discipline financière, du point de vue biblique, implique une gestion prudente des ressources que Dieu nous a confiées. Elle commence par la reconnaissance que chaque bien, chaque dollar, est une bénédiction de Dieu. Par conséquent, la première étape de la discipline financière est la gratitude, reconnaître que tout ce que nous possédons vient de Dieu.

La gestion budgétaire joue un rôle central dans la discipline financière. La Bible encourage la prudence dans la planification et l'utilisation des ressources. Créer un budget basé sur des principes bibliques, qui inclut la générosité envers les autres, est essentiel.

L'évitement de la dette excessive est également crucial. La Bible avertit contre l'esclavage de la dette, soulignant les pièges financiers que cela peut engendrer. La discipline financière consiste à vivre en dessous de ses moyens, à éviter les crédits excessifs et à rembourser les dettes de manière responsable.

L'investissement avisé est une autre composante de la discipline financière. La Bible encourage à diversifier ses investissements, à considérer les principes de gestion de risque et à investir de manière éthique. Cela signifie que l'argent investi doit être utilisé de manière à contribuer au bien-être de la société et à refléter les valeurs chrétiennes.

Enfin, la discipline financière, du point de vue biblique, est une pratique d'humilité, de gratitude, de gestion budgétaire, de prudence face à la dette et d'investissement éthique. Elle repose sur la conviction que la richesse doit être gérée avec soin et responsabilité, en reconnaissant que Dieu est le véritable propriétaire de toutes choses. En développant cette discipline, on peut s'efforcer de devenir un bon gestionnaire des ressources divines tout en cherchant la prospérité matérielle et spirituelle.

Maîtrise Financière :
La Voie de l'Abondance Disciplinée

Au cœur de la maîtrise financière se trouve la compréhension que l'argent est un outil, et non une fin en soi. Cette perspective est profondément enracinée dans les enseignements bibliques qui mettent en avant l'idée que la prospérité n'est pas seulement mesurée en termes de richesse matérielle, mais aussi en termes de richesse spirituelle. La maîtrise financière commence donc par la reconnaissance que la véritable richesse réside dans la relation avec Dieu, la famille, et la communauté.

La maîtrise financière implique également la discipline, non pas en tant que contrainte, mais en tant que choix délibéré. Elle se manifeste dans la capacité à établir des priorités financières, à fixer des objectifs et à suivre un plan budgétaire solide. Cela signifie de résister aux tentations de la surconsommation et du surendettement, et de maintenir un mode de vie modéré.

L'abondance disciplinée comprend également la générosité. C'est le principe de donner librement aux autres, de partager avec ceux dans le besoin, tout en restant fidèle à une gestion financière responsable. La Bible enseigne que la générosité est un moyen d'activer la loi divine de la récolte, selon laquelle vous récolterez ce que vous semez.

De plus, la maîtrise financière implique la recherche de l'investissement intelligent et éthique. Les investissements financiers, conformément aux principes bibliques, doivent être alignés sur des valeurs morales et éthiques. Il ne s'agit pas seulement d'accumuler des richesses, mais de contribuer à un monde meilleur.

En résumé, "Maîtrise Financière : La Voie de l'Abondance Disciplinée" est un concept bibliquement ancré qui embrasse la gestion sage de l'argent, la discipline budgétaire, la générosité, et l'investissement éthique. C'est un chemin vers l'abondance qui va au-delà des biens matériels, en embrassant une vie équilibrée où les ressources financières sont mises au service d'un bien plus grand que soi-même. C'est une voie qui conduit à une richesse spirituelle tout en respectant les principes divins de gestion financière.

5 lois de Dieu sur la Création de la Richesse

La Loi de la Stewardship Divin : Cette loi souligne le rôle de gestionnaire que Dieu donne à l'homme sur ses ressources financières. Elle enseigne que la discipline financière consiste à gérer ces ressources de manière responsable, en accord avec les valeurs chrétiennes.

La Loi de l'Économie de Ressources : Cette loi met en avant l'importance de l'économie dans la gestion des finances. Elle encourage les lecteurs à éviter le gaspillage et à rechercher des moyens de maximiser l'impact de leurs ressources.

La Loi de l'Investissement Stratégique : Cette loi explique comment l'investissement judicieux, basé sur des principes bibliques, peut conduire à une prospérité durable. Elle encourage à rechercher des opportunités d'investissement qui sont en harmonie avec la foi et la conscience spirituelle.

La Loi de l'Épargne Prudente : L'épargne est un principe clé de la discipline financière. Cette loi encourage à mettre de l'argent de côté pour faire face aux imprévus et pour préparer l'avenir. Elle souligne l'importance de l'épargne comme acte de foi et de prévoyance.

La Loi de la Générosité Maîtrisée : La générosité est essentielle, mais elle doit être pratiquée de manière réfléchie. Cette loi enseigne comment donner de manière responsable tout en maintenant une discipline financière solide.

Chapitre 14 : La générosité et la prospérité

Donner pour Recevoir :
La Générosité comme Clé de l'Abondance Divine

La générosité, telle qu'elle est enseignée dans la Bible, repose sur la conviction que donner ouvre la voie à recevoir. C'est un principe fondamental qui transcende les frontières de la charité. Donner n'est pas seulement un acte de bienfaisance, c'est un moyen de semer des graines qui porteront des fruits d'abondance dans la vie de l'individu généreux. Comme le dit le livre des Proverbes, "Celui qui donne libéralement, il devient plus riche ; et celui qui épargne plus qu'il ne faut, il ne fait qu'être dans le besoin." (Proverbes 11:24).

La générosité est un acte de foi en l'abondance divine. C'est une reconnaissance que Dieu pourvoira toujours, en dépassant nos attentes. Cet acte de foi est une clé qui ouvre la porte à la bénédiction financière. Il s'agit d'une manifestation de la loi divine de la récolte, qui stipule que vous récolterez ce que vous semez.

La générosité va au-delà de la simple contribution financière. Cela englobe également la générosité dans le partage du temps, des compétences et de l'amour. La Bible nous rappelle que "Celui qui est généreux sera comblé, car il donne à manger aux pauvres." (Proverbes 22:9). Ainsi, la générosité apporte un enrichissement non seulement sur le plan financier, mais aussi sur le plan spirituel.

Un exemple parfait de ce principe est l'histoire de la veuve qui a donné ses deux petites pièces dans le trésor du temple, que Jésus a louée comme étant une offrande plus significative que les dons plus importants des riches (Marc 12:41-44). Cela illustre que la grandeur de la générosité n'est pas mesurée en quantité, mais en motivation et en sacrifice.

En résumé, "Donner pour Recevoir : La Générosité comme Clé de l'Abondance Divine" met en lumière la notion profonde de la générosité dans la perspective biblique. C'est un acte de foi, un moyen d'activer la loi divine de la récolte, et un chemin vers une richesse qui va au-delà de la prospérité matérielle, touchant également la richesse spirituelle. La générosité, selon les enseignements bibliques, est la clé de l'abondance divine.

Bonté et Richesse : La Loi de la Générosité

La bonté est un trait de caractère qui trouve ses racines dans l'amour et la compassion envers les autres. La Bible nous rappelle que "Celui qui a de la bonté pour les autres sera béni, car il donne de son pain aux pauvres." (Proverbes 22:9). Cette connexion entre la bonté envers les autres et la bénédiction divine est au cœur de la Loi de la Générosité.

La générosité, qui découle de la bonté, est un acte de foi en Dieu et en Sa capacité à pourvoir à nos besoins. En partageant notre richesse matérielle avec ceux qui sont dans le besoin, nous semons des graines de générosité qui finissent par produire une récolte d'abondance. Comme le dit l'apôtre Paul dans sa deuxième lettre aux Corinthiens, "Celui qui donne peu recevra peu, et celui qui donne abondamment recevra abondamment." (2 Corinthiens 9:6).

La bonté et la générosité sont donc des actes qui activent la Loi de la Générosité, une loi spirituelle qui opère au-delà de la simple charité. Elle repose sur la croyance que lorsque nous donnons librement, nous sommes bénis en retour, souvent de manière exponentielle. Cette loi transcende les calculs humains et dépend de la foi en la providence divine.

L'exemple ultime de la Loi de la Générosité se trouve dans la parabole du bon Samaritain racontée par Jésus. Le bon Samaritain a démontré de la bonté envers un homme blessé et a été généreux en prenant soin de ses besoins. Sa bonté et sa générosité ont été récompensées par la bénédiction de Dieu. Cet enseignement montre que la bonté envers autrui est une voie vers la richesse spirituelle et matérielle.

En somme, "Bonté et Richesse : La Loi de la Générosité" met en lumière l'importance de la bonté envers autrui et de la générosité dans la perspective biblique. C'est une loi spirituelle qui s'active lorsque nous agissons avec compassion envers les autres, semant ainsi les graines de l'abondance. Cette loi transcende la simple charité et dépend de la foi en la providence divine. La Loi de la Générosité nous rappelle que la bonté envers autrui est une voie vers la richesse, à la fois spirituelle et matérielle.

5 lois de Dieu sur la Création de la Richesse

La Loi de la Générosité Abondante : Cette loi enseigne que la générosité est une clé de l'abondance divine. Elle encourage les lecteurs à donner de manière désintéressée et à semer des graines de bonté pour récolter une richesse spirituelle et matérielle.

La Loi de la Bénédiction en Retour : Cette loi met en avant le concept que Dieu bénit ceux qui sont généreux. Elle explique comment la générosité engendre une réaction en chaîne de bénédictions dans la vie de ceux qui donnent.

La Loi de la Multiplication Divine : Cette loi montre comment Dieu multiplie les dons et les actes de générosité au-delà de toute attente. Elle encourage les lecteurs à avoir foi en la multiplication divine de leurs ressources.

La Loi de la Gratitude et de la Prospérité : Cette loi met l'accent sur l'importance de la gratitude dans le processus de création de richesse. Elle explique comment la reconnaissance pour ce que l'on a conduit à davantage de bénédictions.

La Loi de l'Épanouissement Personnel par la Générosité : Cette loi enseigne que la générosité contribue non seulement à la prospérité matérielle, mais aussi à l'épanouissement personnel et spirituel. Elle montre comment donner peut apporter une satisfaction profonde et un sens à la vie.

Chapitre 15 : Vivre en harmonie avec les lois divines

Récapitulation des 72 Lois : Marcher en Accord avec la Divine Prospérité

Les 72 Lois Divines de la Richesse sont un ensemble de principes spirituels issus de la Bible, qui guident notre attitude envers la richesse, la prospérité et la générosité. Elles vont bien au-delà de simples conseils financiers, car elles visent à nous amener vers une compréhension plus profonde de la relation entre notre foi, nos actions et nos résultats.

Dans cette récapitulation, nous allons examiner certaines des lois clés, telles que la loi de la générosité, la loi de la foi, la loi de la persévérance, et la loi de la discipline financière. Nous verrons comment ces lois s'entrelacent pour créer un chemin vers la divine prospérité.

La loi de la générosité, par exemple, nous rappelle que lorsque nous donnons librement, nous recevons abondamment. Elle met en évidence l'importance de la bonté envers les autres et montre comment la générosité est une clé vers la richesse spirituelle et matérielle.

La loi de la foi nous enseigne que notre confiance en Dieu est essentielle pour manifester la prospérité. C'est la foi qui nous pousse à croire en l'abondance et à agir en conséquence, sachant que Dieu pourvoira à nos besoins.

La loi de la persévérance nous rappelle que les défis et les revers font partie du voyage vers la prospérité. La persévérance consiste à rester déterminé, même lorsque les temps sont difficiles, et à continuer à avancer malgré les obstacles.

Enfin, la loi de la discipline financière souligne l'importance de gérer nos ressources avec sagesse et intégrité. C'est en pratiquant une gestion financière responsable que nous pouvons assurer la croissance de nos richesses.

En vivant en accord avec ces lois divines, nous nous alignons sur la divine prospérité. Cela signifie que nous comprenons que la prospérité ne se limite pas à l'accumulation de richesses matérielles, mais englobe également la richesse spirituelle, l'harmonie et la paix intérieure.

En somme, cette récapitulation des 72 Lois Divines de la Richesse met en lumière l'importance de vivre en accord avec ces lois pour atteindre la divine prospérité. Ces lois, basées sur des principes bibliques, offrent une guidance précieuse pour ceux qui cherchent à cultiver la richesse spirituelle et matérielle. En comprenant et en mettant en pratique ces lois, nous pouvons marcher sur le chemin de la divine prospérité, où la foi, la générosité, la persévérance, et la discipline financière nous guident vers une vie d'abondance et de bénédiction.

Votre Voyage vers la Richesse : Intégrer les Lois de Dieu pour une Vie Abondante

Pour prospérer en harmonie avec les lois divines, il est essentiel de les comprendre. Étudiez les lois bibliques de la prospérité, de la générosité, de la gratitude et de la foi. Recherchez des textes sacrés et des enseignements qui vous aideront à saisir les fondements de ces lois.

Vos valeurs spirituelles sont au cœur de votre relation avec Dieu ou l'univers. Assurez-vous que vos objectifs financiers sont en accord avec ces valeurs. Par exemple, si la générosité est une valeur fondamentale, trouvez des moyens de donner dans votre parcours financier.

La prière et la méditation sont des moyens puissants de se connecter avec une source supérieure. Intégrez ces pratiques dans votre quotidien pour obtenir des orientations et des inspirations concernant vos choix financiers.

Lorsque vous prenez des décisions financières, assurez-vous qu'elles reflètent votre compréhension des lois divines. Élaborez un plan financier qui inclut la générosité, l'éthique et la gratitude, en plus de la croissance personnelle et financière.

Partager votre compréhension des lois divines avec d'autres est un acte de générosité. Vous pouvez enseigner ces principes à vos proches, les aider à atteindre la prospérité et étendre l'influence positive de ces lois.

Votre voyage vers la richesse n'est pas seulement une quête financière, mais aussi spirituelle. Intégrer les lois de Dieu dans votre vie financière crée un chemin vers une abondance qui transcende la richesse matérielle.

Cela vous permet de prospérer tout en contribuant au bien-être de votre entourage et en vous connectant à une source supérieure de sagesse et de bénédiction. Continuez à suivre ces lois divines pour une vie d'abondance et de prospérité.

5 Lois de Dieu sur la création de la richesse

La Loi de l'Harmonie Divine : Cette loi enseigne que la prospérité découle de l'harmonie avec les lois divines. Elle explique comment vivre en alignement avec les principes spirituels conduit à une richesse durable.

La Loi de l'Intégrité Financière : Cette loi met en avant l'importance de gérer les ressources financières de manière intègre et éthique. Elle souligne que la richesse obtenue de manière honnête est bénie.

La Loi de la Gestion Sage : Cette loi encourage la gestion judicieuse des finances, y compris l'épargne et les investissements. Elle explique comment la sagesse financière conduit à la prospérité.

La Loi de la Persévérance et de la Foi : Cette loi souligne que la persévérance et la foi sont essentielles pour traverser les défis financiers. Elle encourage les lecteurs à rester fermes dans leur croyance en la prospérité.

La Loi de la Grâce Divine : Cette loi enseigne que la grâce divine peut apporter des bénédictions financières inattendues. Elle montre comment la faveur de Dieu peut jouer un rôle crucial dans la création de richesse.

Chapitre 16 : La Loi de la Semence avec les lois divines

Semer pour Récolter : Comprendre la Fondation de la Prospérité

Au cœur de la philosophie de la prospérité divine se trouve la notion fondamentale de semer et récolter. C'est un principe qui résonne à travers les âges, dans les enseignements de nombreuses traditions spirituelles. Comprendre cette fondation de la prospérité est essentiel pour quiconque aspire à la richesse spirituelle et matérielle.

L'analogie agricole est souvent utilisée pour expliquer la loi de la semence. Tout comme un agriculteur plante des graines pour récolter plus tard, nous devons investir dans nos rêves, nos objectifs et notre croissance personnelle pour récolter la prospérité. Cette analogie met en lumière l'importance de semer avec soin, en choisissant des graines de qualité, en les plantant au bon moment et en prenant soin de leur croissance.

La qualité de ce que nous semons est cruciale. Dans la quête de la prospérité, il est essentiel de choisir nos actions et nos investissements avec discernement. La qualité de nos actions détermine la qualité

L'Investissement de Vie :
Cultiver un Futur Riche en Bonnes Actions

Au-delà des investissements matériels, il existe un aspect essentiel de la loi de la semence : l'investissement de vie par le biais de bonnes actions. Cette notion va bien au-delà de la prospérité matérielle et explore la richesse spirituelle qui découle de nos interactions avec les autres et notre contribution au bien-être de la communauté.

Chaque acte de bonté que nous semons dans la vie des autres est une graine d'amour, de compassion et de solidarité. Cette bonté peut se manifester de nombreuses manières, que ce soit en aidant un voisin, en soutenant une cause caritative ou simplement en offrant un sourire chaleureux. Ces actes de bonté sont des investissements dans un avenir riche en relations positives et en satisfaction spirituelle.

Tout comme les agriculteurs récoltent ce qu'ils sèment, nos actions déterminent la qualité de notre vie future. Chaque bonne action a un écho qui revient vers nous, influençant notre propre bien-être. En citant la Bible, "Donnez, et il vous sera donné." L'investissement de vie dans la bonté crée un cercle vertueux de bénédictions et de prospérité.

L'investissement de vie ne se limite pas à notre entourage immédiat. En contribuant au bien-être de la communauté et de la société dans son ensemble, nous cultivons une prospérité spirituelle qui transcende les biens matériels. Cette prospérité se manifeste par une paix intérieure, un sens de l'accomplissement et un lien profond avec notre propre spiritualité.

Pour récolter les fruits de nos bonnes actions, la persévérance est essentielle. Cultiver un futur riche en bonnes actions demande de la patience et de l'engagement à long terme. Chaque action positive compte, même si ses effets ne sont pas immédiats. La persévérance dans les bonnes actions est la clé d'un avenir empli de prospérité spirituelle.

Lorsque nous investissons de manière constante dans la vie des autres, nous récoltons également un sentiment profond de gratitude. La gratitude renforce notre connexion avec la divinité et ouvre la voie à une récolte abondante de bénédictions. Elle renforce notre foi en la prospérité divine et en notre capacité à vivre en harmonie avec les lois divines.

En comprenant l'importance de l'investissement de vie par le biais de bonnes actions, nous sommes en mesure de cultiver un futur riche en satisfaction spirituelle et en harmonie avec les lois divines. Ce sous-point explore la profondeur de la loi de la semence dans le contexte de la prospérité spirituelle.

De l'Effort à l'Abondance :
Exemples et Études de Cas pour la Loi de la Semence

Sarah, une mère célibataire, a décidé d'investir son temps dans le bénévolat auprès d'organisations locales. Ses actions bénévoles, bien que demandant de l'effort, ont fini par lui offrir un réseau de soutien solide. Elle a reçu un emploi prometteur grâce à ses relations développées lors de son bénévolat. Sarah incarne la loi de la semence en semant l'effort et en récoltant l'abondance sous forme de stabilité financière et de soutien social.

Les agriculteurs sont souvent cités dans les enseignements sur la loi de la semence. Leur labeur acharné pour planter et cultiver des cultures est un exemple concret de l'effort investi pour récolter une abondance de récoltes. Cette métaphore rappelle aux gens que l'effort initial est nécessaire pour obtenir des résultats fructueux à long terme.

Une entreprise qui intègre la responsabilité sociale d'entreprise (RSE) dans ses opérations est un exemple de la loi de la semence en action. En investissant dans des pratiques commerciales éthiques et en contribuant à des causes sociales, ces entreprises construisent une solide réputation et gagnent la fidélité des clients. Leur effort en faveur du bien commun est récompensé par une abondance de succès commercial.

L'histoire de John, un ancien toxicomane, met en évidence la transformation personnelle qui peut résulter de l'investissement dans la récupération et la sobriété. Bien que le chemin vers le rétablissement exige un effort considérable, il conduit ultimement à une abondance de santé mentale, de relations positives et de stabilité.

La méditation et la prière sont des exemples de l'effort investi dans la croissance spirituelle. Les individus qui s'adonnent à ces pratiques de manière régulière récoltent une abondance de paix intérieure, de clarté mentale et de connexion spirituelle. Ces pratiques illustrent comment l'effort spirituel peut mener à une richesse intérieure profonde.

À travers ces exemples et études de cas, il est clair que la loi de la semence opère dans de nombreuses facettes de la vie. Les individus et les organisations qui investissent de manière délibérée dans des actions positives récoltent l'abondance sous de multiples formes, confirmant ainsi l'importance de comprendre et de respecter les lois divines.

5 lois de Dieu sur la création de la richesse

La Loi de la Semailles et des Récoltes : Cette loi enseigne que ce que vous semez, vous le récolterez. Elle explique comment investir du temps, de l'énergie et des ressources dans des actes de bonté et d'abondance peut conduire à une récolte de richesse spirituelle et matérielle.

La Loi de l'Investissement Spirituel : Cette loi met en avant l'importance d'investir dans sa croissance spirituelle. Elle explique comment la recherche de la connaissance spirituelle et la prière peuvent être des investissements précieux pour créer de la richesse.

La Loi de la Générosité et du Partage : Cette loi encourage la générosité envers les autres. Elle souligne comment donner aux autres peut ouvrir les portes de la prospérité et de la bénédiction.

La Loi de la Patience et de la Persévérance : Cette loi enseigne que la création de richesse nécessite du temps et de la persévérance. Elle explique comment la patience et la foi sont essentielles pour voir les résultats de vos efforts.

La Loi de la Responsabilité Financière : Cette loi met en avant l'importance de gérer ses ressources financières de manière responsable. Elle explique comment la discipline financière et la gestion avisée sont des éléments clés de la création de richesse.

Chapitre 17 : La Loi de la Dîme avec les lois divines

Donner pour Prospérer :
Découvrir la Puissance de la Loi de la Dîme

La dîme remonte à des temps anciens, avec des racines dans la Bible et d'autres textes religieux. Nous expliquerons l'origine de cette pratique et sa signification spirituelle profonde, montrant comment elle est une forme de respect envers Dieu et une expression de foi.

Nous discuterons de la pertinence continue de la dîme dans la vie moderne. Vous verrez comment de nombreuses personnes et communautés la pratiquent encore aujourd'hui pour contribuer à leur église, à des œuvres de bienfaisance et à des initiatives de soutien social.

Dans cette section, nous partagerons des témoignages de personnes qui ont choisi de donner la dîme de manière régulière. Ces histoires mettront en lumière les bénéfices qu'elles ont observés, notamment des améliorations financières, une plus grande paix intérieure et un sentiment de connexion spirituelle renforcée.

Nous examinerons en détail les principes sous-jacents de la dîme en relation avec la prospérité. La loi de la dîme est souvent liée à la loi de la semence, montrant comment le fait de semer financièrement peut conduire à une récolte abondante.

Bien que la dîme puisse être une pratique bénéfique, elle soulève également des défis et des questions. Nous discuterons de ces préoccupations, y compris la manière de donner de manière éthique, les interprétations doctrinales divergentes et les préoccupations liées à l'utilisation des fonds.

La loi de la dîme est une pratique complexe et significative qui a un impact profond sur la vie de nombreuses personnes. En comprenant sa signification, en écoutant les témoignages de ceux qui l'ont adoptée et en explorant les principes qui la sous-tendent, vous découvrirez la puissance de donner pour prospérer.

10 % pour la Croissance :
Équilibrer la Générosité et la Prospérité

Nous explorerons en profondeur la signification de donner 10 % de ses revenus et comment cela est considéré comme un acte de foi et de générosité envers Dieu. Cela comprendra des exemples bibliques et des enseignements spirituels.

Nous discuterons de la relation entre la dîme et la prospérité. Comment le fait de donner généreusement peut-il ouvrir la voie à une plus grande abondance dans votre vie ? Nous examinerons des exemples concrets de personnes qui ont constaté une croissance significative après avoir adopté cette pratique.

Nous ne négligerons pas les défis que pose l'équilibrage de la dîme avec d'autres besoins financiers. Les questions budgétaires, les priorités financières et les périodes de difficultés seront abordées pour montrer comment maintenir cet équilibre peut être un défi, mais aussi une source de croissance.

Cette section mettra en lumière les témoignages de personnes qui ont réussi à équilibrer la dîme avec leur quête de prospérité. Leurs histoires révéleront comment cet acte de foi a contribué à des améliorations significatives dans divers aspects de leur vie.

Nous conclurons en fournissant des conseils pratiques pour ceux qui cherchent à équilibrer la dîme avec la poursuite de la prospérité. Cela inclura des stratégies pour la gestion financière, la planification et la croissance personnelle.

Équilibrer la générosité de la dîme avec la recherche de prospérité est un défi significatif, mais il peut également être source de transformation personnelle.

Témoignages de Transformation :
La Loi de la Dîme en Action

Ce paragraphe commencera par raconter des histoires inspirantes de personnes qui ont décidé de pratiquer la dîme, partageant leurs expériences et expliquant comment cette démarche a été un point de départ pour des transformations profondes dans leur vie.

Nous explorerons les témoignages de personnes qui ont dû faire preuve de foi et de persévérance pour maintenir la pratique de la dîme, même en période de difficultés financières. Leurs histoires mettront en lumière le pouvoir de la persévérance dans l'application de cette loi.

Nous examinerons comment la pratique de la dîme a permis à certains individus de passer d'une vie caractérisée par des limitations financières à une vie d'abondance. Les exemples illustreront comment cette transformation s'est produite et les bénéfices qu'ils en ont retirés.

Ce paragraphe se concentrera sur l'impact plus large de la pratique de la dîme sur les relations et la communauté. Les témoignages montreront comment cette démarche a renforcé les liens familiaux, amicaux et communautaires, créant un environnement plus harmonieux.

Nous conclurons en utilisant ces témoignages inspirants comme source d'encouragement pour les lecteurs. Nous les inciterons à envisager comment la loi de la dîme pourrait également être un moyen de transformation dans leur propre vie.

Ces témoignages démontreront de manière concrète comment la pratique de la dîme, conformément aux lois divines, a été un catalyseur de changements significatifs. Ils serviront d'inspiration pour les lecteurs, illustrant la puissance de la foi, de la générosité et de la persévérance dans la recherche de la prospérité spirituelle et matérielle.

5 lois de Dieu sur la Création de la Richesse

La Loi de la Dîme comme Acte de Foi : Cette loi explique comment la pratique de donner 10 % de ses revenus à Dieu, connue sous le nom de dîme, est un acte de foi. Elle met en avant l'idée que cette dîme revient en bénédiction et contribue à la création de richesse.

La Loi de l'Abondance Débordante : Cette loi enseigne que lorsque vous êtes fidèle dans la dîme, Dieu promet de faire déborder sa bénédiction sur vous. Elle explique comment cette abondance peut se manifester sous forme de richesse matérielle et spirituelle.

La Loi de la Prospérité Commune : Cette loi souligne comment la dîme peut contribuer à la prospérité de la communauté. Elle explique comment lorsque les individus pratiquent la dîme, cela a un impact positif sur la société dans son ensemble.

La Loi de la Responsabilité Financière : Cette loi met en avant l'importance de gérer la dîme de manière responsable. Elle explique comment les ressources financières qui sont confiées à Dieu doivent être utilisées avec sagesse pour créer de la richesse et aider les autres.

La Loi des Témoignages de Bénédiction : Cette loi souligne comment ceux qui pratiquent la dîme peuvent témoigner des bénédictions et de la richesse spirituelle qui en découlent. Elle explique comment ces témoignages inspirent d'autres à suivre cette voie.

Conclusion

En achevant ce voyage à travers les riches enseignements des lois divines, nous sommes invités à contempler les fruits que nous pouvons récolter en les mettant en action. Notre exploration nous a guidés à travers un territoire complexe, où les sphères de la foi, de la générosité, de la persévérance et de la sagesse financière se sont entremêlées pour créer un modèle de vie qui transcende les limites de la compréhension conventionnelle.

Lorsque nous plongeons profondément dans la première loi que nous avons explorée, celle de la gestion financière, nous comprenons que la sagesse financière est une boussole qui nous oriente dans la mer tumultueuse des ressources financières. À travers des exemples concrets, nous avons vu comment des choix judicieux peuvent mener à une richesse durable. La prudence dans nos finances, inspirée par des enseignements bibliques, nous guide vers un avenir financier stable.

Dans le chapitre suivant, nous avons découvert le pouvoir de la charité en tant que clé de l'abondance. La loi de donner et de recevoir a été présentée comme un moyen de semer la prospérité dans notre propre vie et dans celle des autres. Les témoignages de ceux qui ont choisi de donner sans réserve nous rappellent que la charité est une source inépuisable de bénédictions.

Le concept de semer et récolter a été une composante cruciale de notre exploration. Nous avons examiné la loi de retour, qui nous rappelle que semer la générosité est la voie pour récolter l'abondance. Cette loi a été illustrée à travers des récits de vie où la persévérance et la foi ont permis de surmonter les défis et de connaître le succès.

La persévérance et le succès ont été les sujets centraux du cinquième chapitre, où nous avons vu comment la ténacité peut mener à une richesse éternelle. À travers des exemples de réussites personnelles, nous avons appris que persévérer dans la poursuite de nos rêves est le chemin vers l'abondance.

La gratitude a ensuite été mise en lumière, montrant comment la reconnaissance peut cultiver l'abondance. Dans un monde où l'ingratitude est courante, nous avons découvert que la gratitude est le point de départ pour attirer l'abondance dans nos vies. En reconnaissant les bénédictions qui nous entourent, nous créons un environnement propice à la prospérité.

Le septième chapitre nous a guidés vers l'idée des investissements avisés, en utilisant les principes bibliques comme guide. Les témoignages de ceux qui ont réussi à faire fructifier leurs ressources nous ont montré que l'investissement peut être une voie vers la multiplication divine. La croissance financière, selon la Bible, repose sur une base solide de sages investissements.

Nous avons ensuite plongé dans la sagesse financière, explorant les enseignements des Proverbes. Ces écrits anciens continuent de nous guider vers la construction d'une fortune solide basée sur des principes éternels. La sagesse et la richesse sont des compagnons fidèles pour ceux qui choisissent de les embrasser.

Le douzième chapitre nous a introduits dans l'univers de l'abondance spirituelle, où la richesse intérieure se marie à la prospérité matérielle. La quête spirituelle de la richesse a été définie comme une approche biblique pour vivre une vie pleine de sens et de satisfaction.

La discipline financière a été le sujet central du treizième chapitre, où nous avons exploré l'art de la gestion financière. Nous avons appris que maîtriser nos finances est un moyen essentiel pour parvenir à une abondance disciplinée.

La dîme a été le point central du quatorzième chapitre, mettant en évidence comment la générosité peut être la clé de l'abondance divine. La bonté et la richesse, basées sur la loi de la générosité, ont été explorées à travers des histoires de vie inspirantes.

En fin de compte, nous avons récapitulé les 72 lois discutées dans ce livre, encourageant les lecteurs à marcher en accord avec la divine prospérité. Ces lois sont des guides précieux pour atteindre une vie d'abondance et de bénédiction.

Le dernier sous-point a donné de la structure à l'ensemble du livre, montrant comment ces lois et principes renforcent la structure du livre et guident les lecteurs à travers son contenu. Chaque loi est une pierre précieuse dans

Printed by Books on Demand GmbH, Norderstedt / Germany